TROP FORTE !

MAURANE

TROP FORTE !

Avec la collaboration
de Caroline Andrieu-Millagou

Michel LAFON

118, avenue Achille-Peretti – CS 70024
92521 Neuilly-sur-Seine Cedex

www.michel-lafon.com

Aux singuliers (singulières),
aux audacieux (ses), aux authentiques

« On est toujours trop quelque chose,
ou pas assez... »

Pierre-Yves Lebert

AVANT-PROPOS

On me dit que je suis trop. Que je suis excessive. Abondamment ceci, exagérément cela. En effet, je ris fort, aux éclats, sans retenue, j'éclabousse de ma gaieté, je ne crains pas la contagion par l'humour. De même, lorsque je pleure, je verse des torrents de larmes et concours à augmenter le niveau des océans : non, je n'y suis pas pour rien lorsque des vagues gigantesques submergent les littoraux ! Je ne connais pas la demi-mesure, ou à rebours, je ne modère mes élans que lorsqu'il est déjà trop tard. Pour autant, je ne regrette rien, j'éprouve seulement des remords, la différence entre les deux termes se situant au niveau de ma conscience : je m'adresse un reproche, je me sens coupable, j'avoue la tête basse que j'ai commis une action regrettable, certes… Mais pouvais-je agir différemment ? Quand on est trop, trop spontané, trop passionné, trop déterminé, on ne réfléchit pas toujours avant d'agir. Bien sûr, on peut s'améliorer, et je m'applique à rectifier mon comportement, je travaille à corriger mes défauts. Une vie me suffira-t-elle ?

Le public connaît « Maurane », la chanteuse. Si je mets des guillemets autour de mon nom d'artiste, c'est que je ne parle pas de moi à la troisième personne, mais bien du personnage public : un petit bout de femme, voix solide, un corps qui ne fut jamais anguleux. *J'me roule en boule* fut l'une de mes premières chansons, une complainte de gamine amoureuse : « J'ai les doigts qui collent, j'ai le nez qui coule, j'voudrais qu'on m'console et j'me roule en boule. »[1] Je m'accompagnais moi-même à la guitare, j'étais complexée par mes joues rondes, et par le reste, rond aussi ; comme je jouais le plus souvent assise, j'espérais que ce reste ne se voyait pas trop. J'ai eu la chance de commencer ma carrière à une époque où l'aspect physique comptait, je crois, moins qu'aujourd'hui. Évidemment, si j'avais dû me trémousser aux huit neuvièmes nue, assise à califourchon sur un pneu de tracteur et suspendue dans le vide, comme l'a fait Miley Cyrus, j'aurais eu plus de succès sous un chapiteau que dans une salle de concert… L'autodérision est une bénédiction pour qui n'entre pas dans la norme étroite de la beauté taille 34.

---

1. Un texte de Daria de Martynoff que j'ai mis en musique. © Saravah.

J'ai eu la chance, aussi, de naître armée de volonté, celle de réussir. Du jour où je l'ai décidé, aucune autre voie ne m'a plus semblé envisageable. Est-ce que j'ai trop serré les poings ? La preuve que non : le public a accepté, et même adopté Maurane, la chanteuse belge et ronde. Ronde, et alors ? Pour bien des femmes, pour bien des hommes aussi, j'apparais comme une frangine, quelqu'un de la famille, une compagne de galère face aux kilos, mais une convive qui ne boude pas sa part de carbonnade[1] non plus… Trop sympa, disent certains, trop joyeuse, trop positive, trop forte, le mot « trop » appuyant le compliment dans leur bouche. Caractérielle, bourrée de contradictions, ingérable, disent d'autres. Le trop serait superflu, ils se font bien comprendre sans lui.

Il me semble parfois que je ne suis pas assez. Que la vie me serait plus douce si j'étais plus conciliante – avec les hommes –, plus mesurée – dans mes propos –, plus réservée – en général. Parler de moi, j'aime bien, je me lance facilement : trop ouverte, trop franche, mais trop bête, je ne m'arrête pas toujours à temps. Trop naïve, je choisis mal mes interlocuteurs. Pas assez patiente, je ne prends pas toujours le temps d'ouvrir le dictionnaire de

1. Plat flamand proche du bœuf bourguignon, la bière rousse remplaçant le vin rouge dans la marinade.

la langue française à la bonne page pour y cueillir le mot juste, et me voilà mal comprise. Dans le regard qu'on me renvoie, alors, je ne me trouve pas à mon avantage, et j'en souffre.

Sur une chanson, faire la belle, j'y parviens : la musique enrobe les mots, les arrangements les maquillent, et puis il ne s'agit pas seulement de moi. Mais comment faire la belle dans un livre à présent, sur tant de pages, avec tant de phrases écrites en noir sur fond blanc ? L'édition ne connaît pas l'encre sympathique. Il ne suffira pas que le temps passe pour que mes propos s'effacent, je dois pouvoir les assumer longtemps, toujours, et veiller à ne transmettre aucun héritage encombrant à ceux que j'aime. Sans rien omettre, mais sans mentir sur rien.

Qu'importe donc si je ne me présente pas toujours à mon avantage ici, je promets au moins une chose : je serai sincère.

*
* *

À l'heure de commencer ce travail d'écriture, ce n'est pas à « Maurane » que je pense mais à Claudine Luypaerts, celle dont le nom figure sur mon passeport. La femme qui pleure et qui rit – trop fort –, celle qui l'ouvre – parfois trop grand – sur les plateaux, celle qui attend encore, à cinquante-quatre ans, le prince relativement charmant. Maurane et

Claudine. Je suis duelle et singulière à la fois. Trop compliquée, peut-être, mais aussi chargée de souvenirs, de belles rencontres, d'amour… D'émotions que je m'amuse à nommer.

Parmi les dictionnaires qui jonchent mon bureau, j'ai cherché les vocables qui s'appliquaient le mieux à mon sujet, je les ai collectés, assemblés, j'ai créé mon *Petit Maurane non illustré…* C'est un dico très personnel, sélectif, que je vous propose ici comme fil conducteur avant chaque chapitre de ce témoignage. Il m'a aidée à faire l'inventaire de mes excès, et à découvrir si, forte, ou non, je suis vraiment « trop ».

SOUVENIR (nom du passé). Événement, action, situation que l'on a retenue, inscrite, gardée en soi. Images et sensations mélangées, souvent agrémentées d'émotions. Mauvais, il se rappelle à nous de façon brutale, inattendue, désagréable, on voudrait le chasser. Bon, on le convoque, dans un moment de nostalgie, afin de revenir, quelques instants au moins, au temps d'avant. Mon premier souvenir remonte à mes dix-huit mois, ou autour : on me change, on me nettoie, on prend soin de mon petit corps, et je perçois alors que je suis aimée. C'est délicieux. Je le perçois encore quelques mois plus tard à l'inquiétude que suscite chez mes parents une forte fièvre : une méningite menace de m'emporter. Depuis que j'ai eu connaissance des enseignements de Jiddu Krishnamurti, penseur indien d'une grande sagesse, je tente de vivre le moment présent et de me « libérer du connu ». Je dis bien que je tente… Souvenir, élément constitutif des Mémoires des hommes et des femmes soucieux de tout comprendre d'eux-mêmes, et de bien le partager.

FABIENNE (personne aimée). De trois ans mon aînée, elle fut ma compagne de chambre, de chanson, de rire, de vie, de travail même. Elle restera, jusqu'à mon dernier souffle, ma plus grande alliée. Reine du calembour, plus rapide que l'éclair lorsqu'il s'agit de faire un bon mot, elle est aussi capable de se taire et d'écouter, longtemps. Elle est ma sœur, ma confidente, ma *consolante*. Un personnage central dans ma vie et dans mon cœur. Et dans ce livre, donc. Chaque fois que vous lirez son prénom, Fabienne, souvenez-vous de cela : cette femme, je l'aime.

ROUGE (amarante, s'il vous plaît). Couleur primaire et pourtant si complexe. Couleur du sang dans les artères, couleur des lèvres qui séduisent, couleur des fleurs dans les vases. Couleur de la vie telle que je la voudrais et telle que je l'ai écrite dans une chanson nommée *Rouge amarante*[1] :

Je sens la vie en rouge
Sur mes lèvres dans mon cou
Sur mes joues

1. Musique d'Arnould Massart. © Leopard and Co/Avogadro.

Une vie éclatante
Une vie battante
Une vie chantante
Une flamme élégante
Pourpre et envoûtante
D'un rouge amarante...

Rouge, c'est aussi la couleur de mon sommeil. Parce que même lorsque je ferme les yeux, même lorsque ma raison s'éteint, elle continue de vibrer derrière mes paupières. Parce que je l'éprouve dans ma chair à tout instant. Parce que je suis un volcan toujours prêt à entrer en ébullition : le rouge est ma lave. Attention.

VIDE (donc à remplir). Se dit de ce qui ne contient rien. Concept angoissant pour qui n'accorde pas assez sa confiance à la vie, concept porteur d'espoir pour moi : le verre à moitié vide, je le vois à moitié plein. Idem pour mon lit, mon cœur, mon quotidien : ils ne sont pas vides, mais il y reste de la place. Ainsi, tout est possible.

SE COUCHER (verbe paresseux). Désigne le fait de s'allonger. Étendre son corps à l'horizontale, action que je pratique le plus volontiers sur un lit. Sentir la chair de son dos s'enfoncer dans le matelas, s'y trouver si bien qu'on est susceptible de s'y endormir. Un verbe auquel tenait beaucoup un certain Marcel Proust, au point qu'il l'utilisa dans l'incipit de son œuvre majeure : « Longtemps je me suis couché de bonne heure… »[1], ce qui ne fut jamais mon cas.

1. Première phrase du roman *Du côté de chez Swann,* premier tome de *À la recherche du temps perdu,* paru en 1913 (Éd. Gallimard).

– 1 –

Je me suis offert un lit à ma démesure. Un lit trop. Deux mètres de long, autant de large, bien plus que nécessaire pour une femme de cent soixante et un centimètres de haut, quelques dizaines dans l'autre sens. Je me suis équipée du matelas le plus technique et le plus épais qui soit : soutien ferme, accueil moelleux, commandes électriques et ressorts ensachés en grande densité, ceci afin d'assurer le confort de chaque hôte, quelle que soit la zone occupée. C'est idiot, j'y dors seule (en ce moment). Seulement j'aime que dans ce vaste espace, un corps, le mien, ce corps qui m'a encombrée si souvent dans ma vie, paraisse tout petit. Un oiseau dans son envol a perdu une plume, elle est tombée, à rythme lent, soutenue par l'air et le vent : elle s'est posée, heureux hasard, sur l'étendue neigeuse. Cette plume, belle bête, c'est moi sur le drap blanc. Un verre oublié, sur la table juste débarrassée, parmi les miettes éparpillées. Sur le sable, un coquillage.

Les lampes de chevet diffusent une lumière douce que tamisent encore les voilages jetés sur les abat-jour. Je tire la couette, elle couvre mon ventre, ma poitrine, pas mes bras : ils vont m'être utiles. Sur mon radeau, j'ai disposé ordinateur portable, téléphone, iPad. Sur la table de nuit, à portée de main, plusieurs livres que je me réjouis d'ouvrir, de renifler, de lire, quand je l'aurai décidé. Des dizaines de centaines de pages prêtes à l'emploi, accessibles, disponibles, rassurantes. Si jamais l'insomnie… Pour l'heure, je n'y touche pas. Une tasse de tisane fume et parfume la chambre, le silence règne, il est d'or, il m'enveloppe, je l'accueille d'abord, puis je le malmène : je clique sur le trackpad, une vidéo se met en route, un générique inquiétant emplit la chambre. À l'écran, deux mains s'écartent à regret sur fond de plaine verdoyante. Gros plan sur des pieds nus et immobiles, une étiquette est accrochée au plus gros orteil, une fleur fane à toute allure, un homme allongé reçoit des soins d'une main gantée, experte, technique. Bientôt six pieds sous terre[1], le corps que je vois là dort pour toujours. Je saisis le mug, j'avale une gorgée de verveine, le liquide chaud coule dans ma gorge de spectatrice unique, veinarde, égoïste à

1. *Six Feet Under,* une série américaine d'Alan Ball, raconte le quotidien d'une société de pompes funèbres à Los Angeles. Le générique, sur une musique de Thomas Newman, est envoûtant.

qui personne ne reproche de l'être. Pour quelques heures, je ne vis que pour moi. Je suis bien, juste bien. Pas trop.

Souvent, dans mes rêves ensommeillés, c'est à l'hôtel que je dors. Ou plutôt, c'est à l'hôtel que je loge. La chambre est spacieuse, confortable, quoique le lit me semble mal amarré. Il flotte vaguement ; à son bord, rien ne paraît certain. En effet : un groupe de Japonais débarque soudain, sans frapper, sans être invité, et me trouve à l'orée de la nuit, l'œil à moitié fermé, déjà, le visage engourdi de sommeil. Hommes, femmes, tous ont l'air un peu vieux, curieux et efflanqués. Ils portent des chapeaux de pluie multicolores et sur les épaules des espèces de couvertures en plastique. Un appareil photo sur le ventre, bien entendu. Ils déboulent dans ma chambre comme dans les salles du musée du Louvre. Ils m'étudient avec avidité comme ils se jettent sur la *Joconde*. Je n'affiche pas la même sérénité que Mona Lisa, je me tiens moins droite, j'ai l'air débraillée. Vis-à-vis de moi aussi, les assaillants respectent une distance qu'aucune ligne blanche ni aucun vigile, pourtant, n'impose ici. Ils ne me touchent pas, ils assistent à une forme de spectacle dont je suis l'actrice involontaire. La victime, la proie. Je les observe à mon tour, effarée, mais je ne croise aucun regard. Lorsqu'ils repartent enfin, la pièce est vide bien que j'y occupe toujours la même place, figée dans le lit, mon cadre. Je me sens dépouillée, ils m'ont tout pris, ils m'ont volé mon âme.

Je me souviens d'un petit jeu amusant auquel des amis m'ont fait participer, une fois, il y a déjà plusieurs années. Il s'agissait d'un test psychologique basé sur un ensemble de formes géométriques et de mots. Je préfère parler d'un jeu parce qu'il ne faut pas accorder à ce genre d'exercice un crédit scientifique irréfutable, d'ailleurs il n'existe pas de grille de lecture précise, on ne peut qu'interpréter ses résultats de façon empirique, subjective. N'empêche : j'y avais vu un écho de ce cauchemar récurrent dans lequel mon espace intime est envahi sans que je sois en mesure de l'empêcher. Dans ce jeu, il fallait diviser une feuille en six cases. Dans la première, tracer un cercle, dans la deuxième un triangle, dans la suivante un escalier, puis une croix, un carré, enfin le chiffre trois incliné à 90 degrés, comme la lettre *m*. On devait ensuite compléter chaque figure par un élément la transformant en un dessin réaliste. Dernière étape, ajouter à chaque case un nom et un adjectif qui ne soit pas une couleur. Bateau ivre, par exemple… Le triangle est censé représenter la façon dont nous pensons que les autres nous voient. J'avais été incapable d'y ajouter quoi que ce soit. Je l'avais laissé tel quel, avec ses contours nets, mais vide, ce dont je l'avais qualifié d'ailleurs. Ce test révélait donc que je suis si ouverte, disponible, qu'on peut tout me prendre sans que je trouve quoi que ce soit à y redire. Que mon cœur n'est pas cadenassé, au contraire, qu'aucun rempart ne le protège des intrusions, que je ne suis pas équipée du mécanisme d'autodéfense grâce auquel on se méfie, consciemment ou non, des personnes nuisibles qui cherchent à nous atteindre et sont habiles à trouver la voie vers nos points faibles. Ce test affirmait ainsi que l'on accède si facilement à mon « moi intime » qu'il ne me reste rien à l'intérieur. Terrifiant. Et tellement faux ! Je le sais bien, moi, qu'au contraire je déborde d'émotions, de contradictions, d'envies et d'amour ! Alors quoi ? Est-ce que cela ne se voit pas à l'œil nu ? Il me semble pourtant que c'est écrit là, en lettres de sang, sur mes joues et sur mon front, dans ma nuque et sur mon dos, dans la paume de mes mains, il me semble qu'on peut me deviner quel que soit l'angle sous lequel on me regarde. Transparente, en somme.

On me connaît si peu. On se trompe si souvent sur mon compte. La première case, celle qui comprend le rond, est censée révéler comme on se voit soi-même. J'avais dessiné un clown. Un clown triste. On me connaît trop peu.

Dans mes rêves éveillés, dans ma maison-lit, un homme que j'aime me retrouve. Nous n'allumons pas l'ordinateur, nous n'enclenchons aucune vidéo.

Ou pas tout de suite. Il reste des heures, parfois toute la nuit, mais pas forcément. Surtout, cet homme m'aime aussi. Lorsqu'il me quitte, pour nous préparer un café, prendre une douche ou aller travailler, je reste seule mais sereine car il ne m'a rien pris, au contraire. Il m'a remplie. Et puis je sais qu'il reviendra, ou que nous nous retrouverons, ailleurs, sur un autre radeau, un autre lit, fût-il moins large, moins long, moins accueillant, nous y serons ensemble, de toute façon, et rien d'autre ne comptera davantage. Dans mes rêves éveillés, je ne crains pas la nuit.

À bord de mon lit, ce cargo que rien ne peut ébranler, je m'endors juste avant le matin et me réveille lorsque le soleil atteint son zénith. Souvent j'ai rêvé, des images me reviennent, je joue à leur trouver un sens, je cherche ce que ces rêves révèlent de moi, la part de mon parcours qu'ils essaient d'éclairer. Je ne les prends pas pour des prédictions. J'accepte l'idée qu'ils me montrent un chemin, à la limite, mais je ne leur accorde aucun pouvoir divinatoire. Je m'étire, je me languis de l'homme qui n'a pas dormi contre moi, et comme je me sens un peu seule, à la fin, je me lève : ce n'est pas là, à l'abri de la vie, que je le rencontrerai. J'ai les cheveux en vrac, mon pyjama est froissé, je croise mon visage dans un miroir, la figure du clown triste ne me plaît pas du tout, je vais m'attacher à l'effacer, je vais y parvenir sans peine : robes, bijoux, maquillage, je sais m'y prendre. J'ai dormi seule, mais je ne me sens pas vide pour autant. Oui, j'ai donné, parfois, plus qu'on ne m'a rendu. J'ai même cru prêter, souvent, accorder une simple créance, sur la foi de l'amitié, or mes débiteurs n'ont pas toujours honoré leur dette. Ça ne fait rien : au passage, j'ai appris à me protéger davantage. Le rêve de l'hôtel revient de moins en moins souvent dans mes nuits. Je sors. On m'attend.

On attend Maurane, la chanteuse. L'autre moi, celle qu'un couple alors aimant baptisa Claudine Luypaerts il y a cinquante-quatre ans retrouvera son nid de plume et de mousse à la nuit venue. Réunies, nous serons contentes, en attendant mieux. Pour rêver, endormies ou éveillées, nous ne serons pas trop de deux.

ENFANCE (envolée). Période d'assez courte durée et néanmoins déterminante durant laquelle l'aptitude à aimer, à s'aimer, l'aptitude au bonheur en somme, se dessine à grands traits. Années fragiles que les adultes, ces jaloux, gâchent parfois à coups de mots et de gestes blessants. Éveil aux sensations, premières désillusions, tournis. Enfance rime avec insouciance. Pour moi, de zéro à six ans. À peine.

– 2 –

Ils ne se sont pas souvent assis, que je sache, que je les aie vus de mes yeux, sur le même tabouret face au même piano. Une seule image d'eux ainsi me revient, une seule photo sur la rétine de ma mémoire pour un seul air imprimé sur ma partition interne, celui de la *Berceuse à Dolly,* de Gabriel Fauré. À lui les blanches, à elle les noires, ou l'inverse. Et leurs mains de se croiser, de s'emmêler, de se frôler dans un jeu musical plus ou moins mélodieux, agité, trébuchant, qu'importe, puisque c'était d'amour qu'il s'agissait. Mes parents se sont aimés autour de la musique, réunis par l'art de retranscrire en notes sonnantes les compositions qui les émouvaient. Ils s'étaient rencontrés au conservatoire, elle âgée de dix-sept ans, lui de bientôt dix-neuf, deux jeunes gens beaux, forcément beaux, joyeux et insouciants, tellement peu au fait de la vérité des choses qu'ils avaient cru s'aimer pour toujours. Dansant sur les sonates, rebondissant sur les arpèges, glissant sur les symphonies, ils ne calculèrent pas le risque qu'il y avait à vivre sous le même toit, d'abord, à se dire oui devant témoins, ensuite, à enfanter, enfin. Une fois, Fabienne. Deux fois, Jean-Pierre. Une fille puis un garçon, quelle chance. Trois fois, pourquoi pas ? Claudine, c'est-à-dire moi, après qui plus personne.

Cinq ans avaient passé depuis la dernière naissance, cinq ans seulement, combien peu à l'échelle d'une vie ! Mais déjà le début du commencement de l'usure. Le quotidien, répétitif et lassant. La musique sans cesse interrompue par les pleurs des bébés, allô bobo faim, les cris, « c'est pas moi c'est lui, c'est elle, c'est eux ! », les anniversaires et les jeux. Les factures devenues plus lourdes au fur et à mesure que la famille s'agrandissait. Le regard de l'un se posant de moins en moins volontiers sur l'autre, les corps légèrement empâtés, fatigués, las, qui se déshabillaient sans hâte et sans plus de désir, la nuit venue, dans l'obscurité de la chambre. Je les imagine, elle, lui, chacun quittant ses vêtements dans la pénombre, se glissant dans les draps en souhaitant n'y rencontrer personne, même pas lui, même pas elle. J'entends mon père fredonner – faux, juste pour lui-même –, tête basse face à la commode, que « chaque meuble se souvient/Dans cette chambre sans berceau/De l'éclat des vieilles tempêtes/Plus rien ne ressemblait à rien/Tu avais perdu le goût de l'eau/Et moi celui de la conquête… »[1] Je me fais un film. Mes parents sont

1. *La Chanson des vieux amants,* Jacques Brel, 1967. © Barclay.

les comédiens d'une tragédie banale que j'ai jouée aussi lorsque ce fut mon tour. Je sais qu'ils se sont aimés, au début ; je ne sais pas vraiment comment, ni pourquoi, ils se sont désaimés, car cela ne regarde qu'eux. Je sais seulement que je n'ai été heureuse, vraiment heureuse, que lorsqu'ils étaient ensemble et contents de l'être. Je ne leur en veux pas de n'avoir pas su faire durer l'amour. Je serais bien mal placée pour leur donner des leçons : je n'ai pas su, moi non plus. Je n'ai jamais eu l'occasion – je ne l'aurai probablement jamais –, de susurrer *La Chanson des vieux amants* à l'oreille d'un compagnon de plus de vingt ans.

J'ai eu six ans, et déjà ils s'aimaient moins. Six ans, c'était bien peu, et c'était un temps où l'on ne parlait pas aux enfants. La parole de Françoise Dolto restait emmurée dans les hôpitaux où elle assurait ses consultations, elle n'atteignait pas encore les parents simplement dépassés par la monotonie de la vie, inconscients de la douleur qu'ils causaient, et donc peu soucieux de l'éviter[1]. Pour ma part, je sentais le malaise grandissant sans le formuler, mais je me souviens d'un rêve : je traverse un tunnel où

1. Le travail de Françoise Dolto fut popularisé dans les années 1970 grâce à l'émission de radio qu'elle anima sur France Inter. Trop tard pour mes parents, pas pour la maman que je suis devenue en 1993 !

l'on ne passe qu'à pied, une sorte de tuyau de métal géant que rien n'éclaire, sinon la lumière du jour à chaque extrémité. Je pourrais frapper les parois de la paume de mes mains, comme on joue à un, deux, trois, soleil !, le bruit résonnerait, ce serait amusant. Pourtant je ne joue pas : je dois avancer. Je n'ai pas vraiment peur, mais je n'en ai pas envie. Pas le choix non plus : je m'enfonce dans le noir, craignant de trébucher, retenant mon souffle, seuls les battements de mon cœur s'entendent dans le tunnel. Je fixe la sortie, j'écarquille les yeux, je me hâte et j'entrevois un espace merveilleux qui me décide à courir pour de bon cette fois. Je déboule dans un jardin somptueux, en effet, une étendue irréelle plantée de fleurs rondes, blanches et tendues vers le ciel, perchées au sommet de longues tiges qui semblent trop fines pour soutenir tant de pétales et de pistils. Plus tard, dans la vraie vie, en découvrant des agapanthes, je les reconnaîtrai. Pour l'instant, dans mon rêve d'enfant, je suis seulement émerveillée. Jusqu'à ce que je comprenne où je me trouve, et cela me déplaît : dans un cimetière. Alors je lève les yeux vers le ciel, il est d'un bleu pur, dense, le bleu des jours de franc beau temps. Un avion le traverse et laisse derrière lui un trait clair et vaporeux. Je me réveille. J'ai eu peur et la peur me tient un long moment encore.

Toute ma vie, j'ai cherché à interpréter ce rêve. Je me suis prêtée au jeu dangereux qui consiste à trouver un sens à ce qui, peut-être, n'en a pas, ou qui pourrait en avoir plusieurs. Aujourd'hui, je retiens une version, la plus rationnelle sans doute, en tout cas pour moi la plus positive : cette période de ma vie correspondait à un tunnel, donc à un passage, sombre et douloureux. Après l'avoir traversé, je débouchais sur un espace où la vie prenait racine dans un terreau mortifère. C'était triste, oui, mais tout n'était pas mort. Je n'étais pas morte. Et le ciel, l'horizon, l'avenir, me promettaient bien des voyages…

J'avais six ans, et pas encore assez de confiance en moi, en demain, pour voir un rêve dans ce cauchemar. J'étais soulagée d'être réveillée. À l'époque je ne paressais pas au lit : je me levais et je chantais, toute la journée. Ma sœur Fabienne avait un beau brin de voix elle aussi, et ensemble nous formions de jolis duos. Nous étions joyeuses, insouciantes comme nos parents avaient pu l'être, pas encore conscientes que leur amour fanait sous nos yeux. Nous habitions dans une commune de Bruxelles nommée Auderghem, dans une maison dont la belle façade blanche, sur la rue Vandercammen, ne laissait rien entrevoir du petit jardin caché derrière, ce qui ne faisait qu'ajouter au charme des lieux. Mon père donnait des cours de piano dans une Académie de musique à Liège, ma mère jouait au salon, pour son plaisir et celui des autres enfants qui entraient là à toute heure comme dans leur propre moulin, comme les chats du quartier qui nous sautaient sur le ventre, les nuits d'été, après s'être glissés par une fenêtre. Nous râlions et riions à la fois, nous ne craignions pas d'autres intrus moins bienveillants. D'ailleurs, il ne s'en est jamais présenté.

Avec ma sœur, mon frère, les petits voisins, j'allais avec joie à l'école qui, pour moi, ne constituait pas encore un problème. Madame Posson m'ouvrait la porte du monde magique des mots, elle ne m'enseignait pas l'alphabet, non, elle m'offrait un sésame merveilleux vers l'exercice sans limites de la lecture. Je ne me rendais pas compte que l'on m'enseignait d'autres choses dans cette école : j'ai toujours préféré apprendre seule, instinctivement, à mon rythme et sans méthode. J'avais six ans, personne ne me reprochait rien, jamais, et surtout pas d'être moi-même. Je chantais naturellement, comme siffle le pinson, pour le plaisir d'envahir l'espace de ma voix et sans penser à rien de grave.

L'enfance est l'âge où tout est mystère. L'âge où l'on ne pose des questions que lorsqu'on ne craint pas d'entendre les réponses. Je ne demandais rien à personne. Fabienne, plus âgée que moi de trois petites années, observait pour comprendre, comprenait, s'adaptait comme elle pouvait. Jean-Pierre, à mi-chemin entre nous, s'agitait en tous sens et son comportement – j'y reviendrai – déplaisait aux adultes. Moi, j'agissais à l'instinct, je vivais au présent, puisque la vie ne m'avait pas encore appris que demain pourrait être pire. Enfant, j'étais déjà la femme que je suis devenue. À l'âge où tout est mystère, je ne m'encombrais pas de questions sans réponses. Je prenais partout, et à tout instant, ce qui se présentait de bon.

À la radio, que mes parents allument volontiers lorsqu'ils ne jouent pas du piano, j'écoute Sheila, Petula Clark, Sandie Shaw, mais aussi Dave Brubeck et Duke Ellington. À l'école, déguisée en Petit Chaperon rouge lors de la fancy fair[1] de fin d'année, je chante, debout sur une table, le « tube » du moment : *Moi je dors avec nounours dans mes bras.* Je ne me soucie pas d'égaler la notoriété du duo qui l'interprète, deux sœurs de quatre et six ans, nées comme moi à Ixelles, une autre commune de Bruxelles, et filles d'un musicien, elles aussi. Le public familier qui m'applaudit me suffit. Lors de réunions de famille pendant lesquelles grands-parents maternels et paternels affichent une courtoisie de façade, je ne me fais pas prier pour interpréter à ma manière *Le lion est mort ce soir*, popularisé par Henri Salvador deux ans avant ma naissance. Au moins, sur l'admiration, voire la tendresse que je suscite, dans les aigus comme dans les graves, je les mets tous d'accord. Dans la salle de bains, et dans un dialecte très vaguement anglo-saxon, je reprends les Beatles et *West Side Story*. Le duo follement romantique de Maria et Tony devient « meuwia, aie chust betagueule nem meuwia », je mâchonne des mots que j'invente, me moquant bien d'être ridicule… Ou pénible. J'entends

1. Une fancy fair, en Belgique, est une fête locale organisée par une association, une école, une œuvre caritative.

des voix, dans la maison-lumière, qui voudraient me faire taire cinq minutes, c'est vrai, quoi, je les saoule à la fin ! Je les entends en sourdine, car rien ne compte davantage pour moi que la sensation des notes qui sortent de ma bouche. Je suis le piano, le violon, la partition, l'orchestre et son chef, je suis le transistor, le mange-disque, la platine et les enceintes réunis. Potelée mais pas trop. On me trouve jolie, et jolie ma voix. On me le dit. Je suis tout simplement contente, un sourire m'accompagne en permanence, on me le fait remarquer : je suis l'image même de l'enfance souriante. Sauf la nuit, lorsque les cauchemars me surprennent. Sauf le matin du dernier petit déjeuner dans la maison-lumière.

J'avais six ans et quelques mois. On a mis mes jouets, mes vêtements, mes disques dans des cartons. Devant un tel mouvement, un mystère si épais, j'ai fini par demander : pourquoi ? On m'a annoncé le départ pour Verviers où mon père allait prendre la direction du conservatoire de musique, « une sacrée promotion, rends-toi compte, Claudine, c'est formidable ». Adieu les chats. Mes petits camarades d'école. Adieu la maison-lumière. Au moins mes parents étaient-ils tous les deux du déménagement. Hélas j'ai emmené, bien malgré moi, le rêve du cimetière hérissé d'agapanthes. Je n'étais alors qu'au tout début du tunnel.

DISTANCE (temporaire ou définitive). Espace qui sépare. En géométrie, sur la feuille quadrillée, la distance sépare un point A d'un point B. Une règle, un crayon, on trace une ligne entre A et B, les voici réunis. En amour, la distance s'insinue de façon sournoise entre deux êtres. Elle naît d'un écart de conduite, d'un malentendu, du quotidien qui use, des vœux non exaucés. Elle se nourrit des ravages du temps. On dit qu'elle se creuse ou qu'elle s'allonge. On dit aussi qu'on la comble. Mais ce n'est pas toujours possible.

TRAHISON (acte perfide). Non-respect de la parole donnée. Vilaine action que l'on condamne à tous les coups. Seulement l'être humain ne connaît pas la perfection, et s'il trahit, c'est parfois par erreur, par faiblesse, sans vouloir faire le mal. Aux traîtres embarqués par les élans de leur cœur, je pardonne.

– 3 –

D'où me vient cette idée fausse, forcément fausse, qu'il ne faisait jamais jour à Verviers ? Je me suis efforcée de me souvenir de chaque bon moment partagé là-bas avec ma famille au grand complet : mon père, ma mère, ma sœur et mon frère, et aussi, les dimanches et lors des grandes occasions, anniversaires, Noël, réussites dignes d'être célébrées, les cousines et les deux paires de grands-parents. Je me rappelle plusieurs de ces fêtes, des images me reviennent, nous sommes nombreux, rassemblés autour d'une table, je me lève parfois pour rejoindre les enfants qui jouent à cache-cache, je cours avec eux. Les visages, rougis par le vin et la conversation, semblent détendus, rieurs même. Je revois le papier peint, très laid, de couleur grise, parsemé de fleurs de lys dorées, quelle idée. S'il faisait toujours nuit, vraiment, quelqu'un devait bien allumer les lampes, puisque j'ai vu ce détail sur le papier, puisqu'il fallait lire les partitions, les méthodes, les livres de classe.

– Claudine, tu as fait tes gammes ?

– Va chercher ton violon, c'est l'heure de ta leçon.

– Allons, tu dois bien savoir où tu l'as rangé…

– La dernière fois ? C'était quand, la dernière fois que tu l'as pris ? Comment… Il y a trois jours !

J'aurais préféré être sourde plutôt qu'entendre le son des cordes qui se tordaient sous mon archer. Elles ne m'encourageaient pas à continuer, non, elles se plaignaient que je les malmène, elles exigeaient réparation parce que vraiment, je leur causais bien du tort. Elles ne m'épargnaient pas non plus. Elles se moquaient de moi.

– C'est laid, ce que tu fais, disaient-elles.

Curieusement, j'étais la seule à les entendre.

– Travaille encore, disait mon père, encourageant.

Et sourd ? me demandais-je…

– Bien sûr, tu vas y arriver ! ajoutait ma mère avec bienveillance.

Dans sa jupe crayon ajustée à ses courbes parfaites, elle glissait jusqu'au piano. Elle s'asseyait, cherchait les pédales du bout de ses escarpins, aussitôt commençait : elle faisait danser ses doigts avec désinvolture sur le clavier. Les touches étaient pour moi les facétieux cent un dalmatiens, ces chiots pour qui je fondais de tendresse lorsque je regardais le film d'animation de Walt Disney. Je trouvais bien injuste que l'on m'ait collé, à moi qui n'étais pas douée pour le dresser, un animal aussi retors que le violon.

– Il faut persévérer, affirmait mon père, toujours prompt à me rappeler que je savais me montrer opiniâtre, lorsque je le voulais.

– Mais oui, c'est juste ça, confirmait ma mère.

Juste ça... Je ne voulais pas leur faire de peine. J'acceptais d'essayer, un peu. Mais puisque je disposais d'un instrument dont le jeu m'emplissait de joie sans que j'eusse à produire le moindre effort, je ne voyais pas l'intérêt de me torturer les oreilles avec un archer. Ma voix me suffisait bien.

On peut certainement faire pleurer son violon, la nuit, toutes bougies soufflées, et en pleurer d'émotion. Lorsqu'on en maîtrise l'usage. Dans l'ombre de Verviers, dans la trop grande chambre que je partageais avec Fabienne au troisième étage de la maison, je n'avais pas besoin de lumière pour chanter, et ma sœur et moi ne nous en privions pas. Je ne cherchais pas à faire de l'art, à l'époque, juste à me rassurer avant de m'endormir, à quoi je rechignais désormais. Car j'avais peur. C'est éveillée, pourtant, que je me trouvais dans un tunnel. Je le réalise maintenant, mais enfant, je ne le savais pas.

Accolée aux salles de cours du conservatoire, la maison de fonction dans laquelle nous étions logés ne connaissait jamais le silence. À travers les murs nous parvenaient les essais des élèves musiciens aux cordes, aux cuivres, aux percussions. Ma mère donnait des cours, ou jouait pour elle-même, souvent. Dans une autre pièce, mon père travaillait un autre morceau. J'ajoutais ma voix à la cacophonie. Bras dessus bras dessous, Fabienne et moi, agitant les gambettes dans l'escalier, lancions à tue-tête : « Nous sommes deux sœurs jumelles, nées sous le signe des Gémeaux... » J'aurais bien aimé : elle était tellement plus jolie que moi. Notre complicité nous préservait de l'ombre qui recouvrait la maison et notre famille, nous avions toujours peur, et froid au corps. Si en plus il avait fallu se taire...

C'est l'heure du déjeuner. Mon père n'est pas là. Je suis assise face à ma mère dans la grande salle à manger, nous attendons le plat. Un homme l'apporte de la cuisine et le pose devant ma mère qui sourit. Je lis de la tendresse, et même une forme d'admiration dans le regard qu'elle lui tend. Rien d'autre n'existe alors dans la pièce, personne. L'homme passe derrière elle, s'arrête un instant. D'où sort-il ce couteau ? Du plat de la lame, il caresse la nuque de maman. Il me semble qu'elle frissonne. Il me semble aussi qu'elle apprécie. À quel jeu jouent-ils, tous les deux ? Ce jeu me paraît terriblement dangereux, je pleure, ma mère, un instant étonnée, fait le tour de la table et m'embrasse. Cet homme est musicien dans l'orchestre de Liège. C'est le meilleur ami de mon père. On ne voit vraiment rien dans cette foutue maison.

Mon père écarquille les yeux sur une partition de *Carmina Burana.* Quelque chose lui échappe, il s'arracherait les rares cheveux qui lui restent. Moi, je me fous du solfège. J'assiste à mon cours comme aux leçons de mathématiques à l'école, contrainte et forcée. Autant j'aime les mots des histoires, et déjà des romans, autant les autres formes de lecture m'ennuient. Mon père suit les lignes des portées, les feuillets sont étalés sur la table de la grande salle à manger, la même pièce, la même table, où ce repas, cet homme, ce couteau… Mon père serre les poings, pourtant il n'a pas l'air en colère, plutôt triste. Son corps tout entier, plongé sur la cantate, respire le chagrin et l'abattement. La défaite.

Un jour, sans cérémonie, sans plus de mots qu'il n'en faut pour le dire, les adultes de la maison m'annoncent :

– Tu vas vivre avec ta mère.

Quelle nouvelle ! Je vis déjà avec ma mère. Je me dis que les adultes ont pour moi des ambitions injustifiées – le solfège, le violon ! –, et ne craignent pas de se montrer ridicules en enfonçant des portes ouvertes. Si c'est comme ça, je chante.

Un autre jour, combien de temps après, des semaines, des mois, je ne m'en souviens pas, mon grand-père gare son Alfa Romeo rouge devant la porte de la maison, la maison des ombres. Ce doit être un dimanche : aucun exercice d'élève ne traverse les murs. De nouveau mes poupées, mes disques et mes robes ont été entassés dans des cartons et des valises, ils disparaissent, mais pas dans le coffre de la voiture qui ne contiendrait pas nos affaires à tous. Je ne m'inquiète pas pour mes 45 tours. En cet instant, France Gall, Joe Dassin et le sous-marin jaune n'existent plus pour moi. Je regarde mon père. Papa. Il se penche sur Fabienne, puis sur Jean-Pierre, puis sur moi. À chacun de nous, il remet un billet de cinquante francs belges, une fortune. Tous trois émus, muets, nous embarquons dans l'auto. Les yeux pleins d'eau, maman claque la portière.

FAUX-SEMBLANT (mot fourbe). Ruse, mensonge, feinte, attitude qui donne à croire une chose pour en cacher une autre. Enfant, on ne tient jamais longtemps. Mentir pèse trop lourd sur la conscience et s'accorde trop mal avec l'intelligence balbutiante. On ne tient pas la distance. Mais la capacité à user de faux-semblants grandit avec l'homme : adulte, il devient capable de feindre d'aimer d'amour, et même d'amitié, ce qui m'étonne plus encore.

CONTRÔLE (impossible). Il est certains domaines dans lesquels il est plus sûr de le garder : le travail, l'éducation des enfants, la conduite… Le poids ! Mais il en est d'autres où le perdre procure des sensations vertigineuses. Il est si bon de lâcher la bride aux chevaux de l'amour et de galoper sur leur dos, emporté à toute allure sans contrôler leur trajectoire… Bien sûr, ils nous emmènent parfois dans le mur, et ça fait mal.

– 4 –

L'ex-meilleur ami, l'amant maintenant, cet homme, possède une grande maison de plain-pied plantée au milieu d'un vaste terrain sans clôture, lui-même situé dans la campagne que rien n'arrête. Cet homme nous accueille. Je ne le hais pas encore. Je n'ai encore rien à lui pardonner. Il m'a fait peur avec cette histoire de couteau, peur au point que la vue de la moindre lame me causera des sueurs froides pendant des années, mais il a de quoi me séduire : sa maison-nature.

J'avais été heureuse en ville, rue Vandercammen, quand bien même les pigeons et les passereaux étaient à peu près les seuls oiseaux à roucouler et chanter par-dessus ma voix, lorsque les chats ne les chassaient pas. J'avais détesté la maison des ombres, qui correspondait, je ne le réalise qu'aujourd'hui, au centre du tunnel, la partie la plus sombre de mon cauchemar. Alors oui, nous avions laissé derrière nous mon père, ses partitions compliquées et son visage triste, mais nous arrivions dans un paradis de vert l'été, de blanc l'hiver, un espace de liberté tel que nous n'en avions encore jamais exploré, nous abordions une période nouvelle dans notre vie, or celle qui s'achevait avait été plutôt morne. Dois-je avoir honte d'avoir apprécié, sinon la séparation de mes parents, au moins le lieu où je vivais désormais ? Je décide que non : la culpabilité n'a jamais fait avancer personne dans le bon sens. De toute façon, qu'aurais-je bien pu faire pour inverser le cours des choses, le cours du temps ? Je n'avais pas le pouvoir de remettre les cartons dans le camion et les corps dans l'Alfa Romeo. Je n'étais qu'une enfant, je n'avais rien décidé, et mon père me manquait, ce que je ne me suis pas abstenue de lui faire savoir par la suite. Je n'étais qu'une enfant, mais déjà une autre. Je suis devenue une personne différente chaque fois que j'ai dû changer de maison, de bruits environnants et de chambre. Les mêmes rêves, en revanche, me suivaient. À quoi ressemblait la chambre où je dormais chez cet homme, comment était-elle meublée et décorée, je ne m'en souviens pas, c'est étrange. Je me revois seulement en train de chanter. Décidément…

Ma mère troquait ses escarpins contre des bottes. Elle nous emmenait en balade. Un enfant grand, un enfant moyen, un enfant petit : nous la suivions à travers bois comme les canetons suivent maman cane. L'idée m'est venue, quelquefois, de semer des cailloux blancs pour retrouver le chemin, au cas où. Petite Poucette dans mon imagination seulement, je jouais à me faire peur mais les conditions n'étaient pas réunies pour que je puisse me prendre vraiment à ce jeu : ma mère, lorsque cet homme n'était pas là, me manifestait le même amour que dans les maisons où nous avions vécu auparavant avec papa.

Lorsqu'il ne répétait pas, lorsqu'il ne jouait pas avec son orchestre, cet homme creusait un trou dans son jardin.

– Une piscine, les enfants !

Lorsqu'il ne creusait pas, cet homme binait, bêchait, semait, sarclait, éclaircissait la terre. Il disposait d'une armada d'outils, pour moi plus terrifiants les uns que les autres. Il prenait un air naïf, voire ébahi, dès qu'une jeune pousse avait percé : il nous appelait alors pour que nous venions voir, admirer, nous émerveiller avec lui. Nous participions de bonne grâce à ses travaux d'Hercule. Je me demande encore aujourd'hui où cet homme, fils de paysan, élevé à la dure, et capable de déployer tant de force lui aussi, avait déniché la délicatesse qu'il employait lorsqu'il jouait du trombone.

Quand il ne creusait ni ne jardinait, cet homme était avec ma mère, et moi, j'étais libre.

Je pris l'habitude de m'absenter : je partais dans le bois, j'y restais souvent du matin jusqu'au soir.

Seule, mais est-on jamais seule dans un bois ? J'observais les insectes, j'écoutais les oiseaux, je lisais l'écorce des arbres comme on devine des formes dans les nuages. Allongée sur un lit de feuilles et de mousse, telle les princesses des contes, je dormais, parfois, d'un sommeil sans rêve, un sommeil lourd et parfait. Dans ma poche, j'avais glissé un carnet et des crayons. Des heures durant, j'écrivais. Ma vie, des mots, en vrac, des groupes de mots qui se ressemblaient et formaient sinon des phrases, des morceaux de vers, autant de pièces d'un puzzle que je n'assemblais pas forcément mais que j'étais fière d'avoir façonnées. Fière pour moi-même, puisque je gardais mes cahiers par-devers moi. Du reste, qui aurait aimé les voir ? Quand je rentrais le soir, je n'avais manqué à personne. S'était-on seulement aperçu de mon absence ?

Le matin, pour me rendre à l'école, je devais marcher jusqu'à un arrêt de bus. Le car me prenait puis me déposait à une intersection où un deuxième car s'arrêtait le temps que j'y monte, il m'emmenait, ainsi que plusieurs autres enfants, à quelques dizaines de mètres d'un grand portail.

Le premier hiver, il neige. Et lorsqu'il est temps de partir, déjà, le soleil n'est pas encore levé. Fabienne et moi, seules dans l'étonnante clarté que dégagent les flocons accumulés dans les champs et sur les talus, apprécions le silence absolu : lorsqu'il neige, les oiseaux se taisent. Je ne chante pas non plus. Mes bottes s'enfoncent dans la croûte blanche et rythment le temps d'un *scronch-scronch* singulier. Ce n'est pas avec un violon, pensé-je alors, que je pourrais reproduire ce son-là. Ni avec un piano, ni même une guitare. Un cor de chasse, à la limite ? Un cor de chasse enroué. Ou bien un paquet de chips. Je ne questionne pas ma sœur sur le sujet : plus grande, plus belle, plus sérieuse dans ses études, elle a d'autres préoccupations que moi. Jean-Pierre ? Il n'étudie pas à la même école que nous. À mon tour, bientôt, je vais aller en pension avec ma sœur. Je ne prends pas la nouvelle plus mal que ça. Lorsqu'il n'est pas occupé à creuser, à jardiner ni à faire société, il arrive que le nouvel homme de ma mère écrase de son autorité sa maîtresse et les enfants de cette dernière. Jean-Pierre se plaindra plus tard, bien plus tard. En tout cas sa plainte ne sera entendue, et sa parole crue, que des années après. Ma mère mettra d'ailleurs longtemps avant de m'expliquer à quel piège elle était prise. En attendant de pouvoir se dégager, elle encaissait comme encaissent toutes les femmes dont la liberté n'est pas totale : elle s'accrochait aux bons moments avec cet homme et bataillait comme elle pouvait pour les multiplier.

Cet homme invite souvent du monde à déjeuner le dimanche, et même à dîner les autres jours de la semaine. Ma mère cuisine les mêmes plats qu'avant, les mêmes convives se retrouvent autour de la table, je les reconnais tous. Il en manque un, tout de même… Elle joue, sur son piano qu'elle a fait transporter là, les mêmes airs qu'à Verviers. Mais elle joue moins souvent. Dès que la voie vers les touches se dégage, et sans avoir appris à pianoter, je compose là de gentilles chansons qui parlent de mon petit monde. Je fais rimer réveil avec soleil, fleur et bonheur, gazouillis et paradis, lune et plume – je ne déteste pas encore les rimes pauvres, j'ignore même que cela existe. Personne ne pourrait douter alors que je vis une période pleinement heureuse et insouciante, à l'abri de la guerre que se livrent les adultes qui m'entourent.

Un matin vient le temps des grandes révélations pour la fillette que je suis. Le messager de la vérité porte un costume de gendarme et une casquette plate sur la tête. Il est venu à plusieurs. Le soleil n'est pas encore apparu dans le ciel qu'ils cassent un carreau. Réveillée en sursaut, je pense d'abord à un cambrioleur. J'ai à peine le temps de me redresser dans mon lit, j'hésite encore sur l'attitude à observer – après tout, j'ai peut-être rêvé cette vitre qui se brise ? –, que la porte donnant sur la chambre où je dors s'ouvre brutalement. Je vois les uniformes qui me regardent aussi un instant puis s'en retournent. Un moment plus tard, après que les cris des uns et des autres partout dans la maison se sont tus, je trouve le courage d'enfiler robe de chambre et chaussons, je me faufile jusqu'à la salle à manger. Ma mère est occupée à répondre aux questions des gendarmes qui semblent fiers de leurs arguments pour la contredire. J'entends qu'ils prononcent des mots comme « adultère », « draps chauds », et « sperme ». Une bataille importante dans la procédure de divorce, longue et douloureuse pour les cinq Luypaerts, sans exception, s'achève dans les larmes.

Cet homme n'aimait pas beaucoup que ma sœur, mon frère et moi-même voyions notre père. Maman non plus, d'ailleurs, et mes grands-parents maternels pas davantage, c'est probable. Enfin, papa avait son droit de visite, quand même. Il l'exerçait dehors, à une distance raisonnable de la maison-nature. Le dimanche, je le retrouvais sur le parvis de l'église du village le plus proche, nous passions une partie de la journée ensemble. Le soir, il me raccompagnait au même endroit, d'où je regagnais la maison de cet homme. J'eus le malheur de rentrer, une fois, une seule fois, avec le cœur gros et des larmes plein les yeux d'avoir dû quitter mon père, mon papa que j'adorais. Cet homme me le reprocha vertement. Cet homme n'avait pas d'enfant ; avait-il eu huit ans un jour lui-même ? J'en doutais, j'en doute toujours : il ne comprenait rien à la mécanique d'un cœur encore tendre.

Est-ce que je n'étais pas assez grande, alors, pour voir quelles douleurs cet homme infligeait aussi à ma mère ? Un jour qui n'était ni beau ni triste, un jour après ceux où nous avions déjà changé de maison, une fois, deux fois, maman cane a pris ses petits et les a menés dans un appartement minuscule. Ni clair ni sombre, sans le moindre feuillage à contempler depuis les fenêtres, sans chat susceptible d'entrer par ici et de ressortir par là, un appartement sans piano, sans voisin mélomane ni musicien, un appartement comme pour tout le monde. Elle espérait que nous serions là mieux que chez cet homme.

FAMILLE (tout un dossier). Ensemble de personnes liées par une histoire commune, un nom, un acte administratif, le sang. Groupe social où chacun tient son rôle suivant l'ordre dans lequel il est y arrivé. Où quelques-uns tentent parfois, désespérément, d'échapper au rôle qui leur a été assigné (n'est-ce pas, Jean-Pierre, mon frère que j'aime ?). Famille, soutien et fardeau à la fois, mais qu'on le veuille ou non, famille pour la vie. Il n'y a plus qu'à faire avec.

– 5 –

Les femmes de ma famille étaient belles et ne manquaient pas de caractère. Par leurs attraits comme par leur façon d'être, elles faisaient naître le sentiment d'amour chez les hommes. Moi, enfant, je les regardais avec attention, voire avec une forme de curiosité. J'éprouvais quelque chose comme du scepticisme : il me semblait bien que je ne leur ressemblais pas. Je ne me projetais pas, adulte, vêtue du même genre de jupes ajustées qu'elles portaient, répétant les mêmes gestes d'infinie féminité : l'index recourbant les cils, la main aux ongles écarlates venant peindre la bouche dans la même nuance de rouge, ou ramenant derrière l'oreille une mèche échappée d'un chignon. Puisque j'étais née fille, j'étais promise à devenir femme à mon tour, me disait la raison. J'en doutais, et peut-être même ne le souhaitais-je pas vraiment.

Ma grand-mère maternelle, Caroline, que j'appelais Manet[1], et qui s'est beaucoup occupée de

---

1. Elle était ma marraine, un mot trop difficile à prononcer pour moi lorsque j'étais petite : je l'ai déformé et elle est devenue Manet.

moi entre le jour où nous avons quitté Verviers et celui où j'ai pris mon indépendance – très jeune, j'y reviendrai –, possédait tous les attributs de la féminité et s'appliquait à m'en donner une vision hollywoodienne ; derrière son rideau de cils papillonnants, elle ne me semblait pas très heureuse pour autant.

Je la revois, ces matins où rien ne pressait parce que l'école consentait à se priver de ma présence. J'avais dormi chez Manet, je me rendais dans sa chambre afin d'assister au spectacle de son réveil. Dans sa chemise de nuit, jamais froissée, aussi élégante qu'une robe de soirée, elle se tenait assise, le dos bien calé contre plusieurs oreillers moelleux. Austère comme une reine, coquette comme une princesse, elle avait posé près d'elle un nécessaire à maquillage, une trousse d'un tissu moiré dans laquelle elle plongeait une main, à l'aveugle, et dont elle extrayait aussitôt l'accessoire qu'elle y avait pêché. Un miroir de poche. Un petit pot de crème. Une palette de fards à paupières. Un tube de mascara qu'elle dévissait lentement, avec application. Bientôt elle approchait le pinceau de ses yeux. Je retenais mon souffle pour ne pas la faire bouger. Je n'osais pas lui conseiller le silence : elle parlait de choses et d'autres avec une désinvolture que je jugeais peu compatible avec l'art délicat de la peinture sur œil entrouvert…

Si je le lui demandais, si j'insistais avec assez de gourmandise, elle racontait cette soirée où elle avait dansé, jeune femme, dans l'hôtel autrichien où elle séjournait le temps de vacances aux sports d'hiver. Le couturier français Pierre Balmain se trouvait dans la même station, le même salon, il l'avait invitée, séduit par la tenue qu'elle portait ce soir-là.

– Cette petite robe noire vient de chez moi ! avait-il affirmé avec assurance.

– Pas du tout… Figurez-vous que je l'ai dessinée, coupée et cousue moi-même, avait répondu ma grand-mère.

Je me la représentais jeune, excessivement svelte, splendide. Sissi des temps modernes ! Malheureuse jeune femme qui avait rêvé de devenir danseuse étoile ou musicienne et dont le père, instituteur pragmatique, avait exigé qu'elle apprenne « un vrai métier » : par défaut, elle avait donc choisi celui de couturière.

– Claudine, sais-tu comment on m'appelait autrefois ? Madame Paris ! C'est chic, non ?

À chaque nouveau geste, le mascara sur ses cils devenait plus épais, tout comme le mystère relatif à mon avenir : si danseuse ou pianiste ne figuraient pas au nombre des « vrais métiers », qu'en était-il de celui de chanteuse ?

Manet était interrompue par son mari, mon grand-père donc, pénétrant dans la chambre après avoir poussé la porte du rond de son épaule : ses mains étaient prises par le plateau du petit déjeuner qu'il déposait sur le lit de son épouse chaque fois que cela lui était possible, c'est-à-dire lorsqu'il n'était pas en voyage pour affaires. Décorateur d'intérieur de profession, officiellement reconverti dans les transactions commerciales exigeant déplacements et absences en nombre, Louis, dit Loulou, aimait vivre dans un luxe petit-bourgeois que sa réussite ne pouvait pas vraiment lui permettre, même s'il ne l'aurait avoué pour rien au monde. Il ne se démontait jamais, ne tolérait pas la critique ni même l'expression du moindre doute sur ses activités et leur rentabilité. Il promettait à tous des retours sur investissements florissants que personne n'a jamais vu venir… Que personne n'a osé réclamer non plus.

L'appartement que mes grands-parents occupaient, au dernier étage d'un immeuble bourgeois, une enfilade interminable de pièces moulurées et parquetées, leur était prêté par la sœur de Manet qui avait fait un bon mariage et vivait désormais un veuvage matériellement confortable. Lorsque mon grand-père rentrait de quelque excursion menée dans l'intérêt de ses « affaires », il apparaissait fâché, irascible, chacun et chacune en prenait pour son grade, mieux valait ne pas traîner dans les parages… Sauf à l'heure du petit déjeuner. Même enfant, je n'ai jamais pu m'empêcher de penser qu'il était si prévenant envers Manet parce qu'il avait quelque chose à se reprocher, voire à se faire pardonner.

Quoi ? Des mensonges et des infidélités, bien sûr, mais je ne l'ai appris que bien plus tard. Je ne saurai jamais comment Manet s'accommodait de ce qu'elle savait comme de ce qu'elle ignorait. Je la revois toujours avec mes yeux d'enfant, séduisante, aimante et autoritaire en même temps. Un rocher auquel je m'arrimais chaque fois que le reste de ma famille prenait l'eau. Un lien sûr avec la vie réelle, le quotidien, le calendrier des semaines qui font des mois, puis des années, et qui voient grandir comme il faut les enfants.

Manet aimait que ma sœur et moi passions chez elle, ou en tout cas avec elle, le maximum de temps. Elle prenait son rôle de grand-mère très au sérieux : il supposait, estimait-elle, non seulement de nous gâter en nous offrant même ce que nous n'osions pas espérer obtenir un jour, mais aussi de nous éduquer. Elle n'avait pas tellement aimé son gendre, mon père, mais elle lui accordait au moins le mérite de m'avoir initiée à la musique. Puisqu'il n'était plus là pour poursuivre dans ce sens, elle avait pris le relais. Pendant les cinq années que j'ai passées dans la maison-nature chez celui que j'ai appelé « cet homme », Manet me gardait chez elle le mercredi et faisait donc venir là, dans son appartement, mon professeur de violon. Je ne devais arrêter les cours sous aucun prétexte, selon elle, et même si je ne mettais pas beaucoup d'ardeur à faire mes exercices le reste de la semaine, il est probable que je progressais gentiment puisque mon professeur, répondant au joli nom d'Athanas Adamopoulos, décida de me présenter à son maître, André Gertler. Une référence : ami du compositeur Béla Bartók, il fut aussi l'un de ses plus grands interprètes. Je me soumis donc à l'audition dont le résultat, je m'y attendais, fut sans appel : selon André Gertler, je n'avais aucun avenir avec cet instrument. Je me gardai bien de signaler que si l'on m'avait écoutée au lieu de me faire taire et jouer, j'aurais économisé ma peine, Manet le prix des leçons, et ce grand violoniste un temps sûrement précieux.

Il arrivait que Manet soupire. Qu'elle aspire à un moment de solitude. Chaque jour de chaque été que nous passions au bord de la mer du Nord, entre Zeebrugge et Knokke-le-Zoute, elle exigeait de rester pendant quelques heures seule, à l'abri de nos cris d'enfants, de mes chansons. Elle nous envoyait jouer sur le sable de la plage, le risque de noyade étant fortement limité vue la température de l'eau, ou au Luna Park qui étalait ses structures gonflables, ses toboggans et ses stands de confiseries sur la promenade. Nous disparaissions, pas plus inquiètes que ça et ravies qu'aucun regard adulte ne se pose plus sur nous. Pour ma part, toutefois, appréciant – déjà – de me trouver au centre de mon petit monde, j'éprouvais un instant de contrariété : ainsi, ma grand-mère souhaitait respirer sans moi, lire sans moi, tricoter sans moi, ainsi, elle m'écartait ! Cela n'avait pas de sens… Après quelques minutes de bouderie parfaitement inutiles, je choisissais de tirer le meilleur de la situation : la liberté, les jeux, les rires. Pendant sa récréation, Manet, je l'imagine aujourd'hui, je l'ignorais alors, pensait à sa vie déjà bien entamée, pleurait ce qu'elle avait perdu – deux enfants en bas âge et sa jeunesse –, et ce qu'elle n'avait peut-être jamais eu : un mari dévoué au-delà du petit déjeuner.

PARADOXE (ou pas). Opinion ou raisonnement qui porte en lui les éléments qui le contredisent. Une phrase est paradoxale lorsqu'elle affirme une chose et son contraire. Une personne est paradoxale lorsque ses actes manquent de cohérence avec ses paroles. J'ai éprouvé pour ma grand-mère maternelle, dame bienveillante et cruelle à la fois, donc paradoxale, des sentiments paradoxaux. Je la détestais pour les humiliations qu'elle m'infligeait, je l'adorais pour tout l'amour qu'elle me donnait.

HÉRITAGE (prénom Claudine). Ensemble des biens et qualités qui nous échoient à la naissance ou à la mort de nos ascendants. Lorsque je naquis, le 12 novembre 1960, mes parents choisirent – peut-être pas tout seuls – de me donner pour prénom : Claudine. Il est joli et facétieux comme l'héroïne de l'écrivain Colette, mais il fut lourd à porter pour moi : à peine venue à la vie, je me suis trouvée lestée d'une petite fille morte. Il y a des héritages qu'il faudrait pouvoir renier avant même de savoir penser.

ENNUI (connais pas). État de qui se languit, inoccupé, désœuvré. État de qui s'agite mais dont l'esprit ne parvient pas à s'intéresser à ce qu'il fait ni à ce qui lui arrive. On chasse l'ennui par une activité débordante, des rencontres, des conversations, par son travail, ses loisirs, une visite d'exposition, un film, un livre qui nous prend quelques heures et grâce auquel on s'oublie. On le confond parfois avec le repos, la rêvasserie, et on a tort. Le véritable ennui tue. On se soumet à lui malgré toute sa volonté d'agir, et c'est terrible, il peut durer toute une vie.

– 6 –

Dix mois avant la naissance de ma mère, Manet avait eu un fils, Paul, aussitôt emporté par une méningite foudroyante, et dont elle n'avait pas eu le temps de faire le deuil. Dans les années 1930, quinze ans après une guerre qui avait traumatisé l'Europe, il était convenu d'avancer coûte que coûte, sans pleurer le passé, sans même accorder à ses peines l'attention qu'elles méritaient. La joie de voir arriver un enfant n'efface pas la disparition du précédent, mais la petite Janie combla les élans maternels de Manet. Quelques années plus tard, lorsqu'elle perdra sa deuxième fille, Claudine, à l'âge de cinq mois, elle reportera toute son attention sur la seule enfant qu'elle ait fait naître en bonne santé et choisira de s'en tenir là. L'amour qu'elle avait à lui donner ne connaîtra qu'une limite : celle qu'imposait régulièrement mon grand-père lorsqu'il envoyait leur fille en pension pendant des semaines sans possibilité de retour à la maison.

Ma mère m'a confié, il y a peu, qu'elle avait détesté son père durant toute son enfance et son adolescence. Elle le jugeait menteur, dur, voire tyrannique. Violent lorsqu'il avait abusé de l'alcool. Elle lui accordait cependant quelque crédit grâce, notamment, à un souvenir de son jeune âge : en 1942, alors qu'elle avait neuf ans seulement, elle avait assisté à son arrestation par la Gestapo. En rentrant de l'école, elle l'avait trouvé parmi plusieurs hommes, debout face à un mur dans une pièce de la maison, tenu en joue par des silhouettes noires. Un type en gabardine exigeait de Manet « les clés du coffre ». Celle-ci les avait jetées sur une table avec un mépris ostensible tandis que la radio jouait avec insolence *On ira pendre notre linge sur la ligne Siegfried.* Quelques instants plus tard, tous les hommes présents avaient disparu, embarquants et embarqués ; mon grand-père avait été relâché peu de temps après. Maman ne se vante pas d'avoir eu un père résistant : peut-être faisait-il seulement des affaires qui arrangeaient, au passage, la cause de la Belgique libre. Elle ne sait pas, il n'est jamais revenu sur cette période de l'Histoire et de sa vie, sans doute n'a-t-elle jamais osé lui demander le moindre détail. Il est certain en revanche qu'il ne fut ni médaillé ni inquiété à la Libération, tandis que la gouvernante de la maison fut arrêtée et tondue. C'est cette dernière qui avait dénoncé son patron.

Tout comme je me suis assise au bord du lit de Manet pendant qu'elle se maquillait le matin, maman s'est souvent installée au pied de la bergère dans laquelle sa mère se lovait pour tricoter, broder et écouter des classiques. Comme je l'ai regardée appliquer mascara et fard à paupières, maman l'a observée, debout face à sa penderie, hésitant entre la robe rouge et la robe pourpre, puis face à sa coiffeuse, ajustant une dernière fois ses cheveux avant de sortir faire ses courses dans l'épicerie la plus chère de Bruxelles : véritable cordon-bleu, elle choisissait elle-même les produits qu'elle passait ensuite des heures à préparer dans sa cuisine, son domaine. Comme j'ai vu Manet prendre son indépendance, l'été, en nous emmenant, ma sœur et moi, passer quelques semaines au bord de la mer, maman l'a vue exprimer sa colère contre son mari en lui plantant une paire de ciseaux de broderie dans les fesses. Elle en rit encore…

J'aime l'idée que nous avons toutes deux été témoins de la vie de cette femme qui, c'est vrai, ne s'est pas toujours montrée tendre – peinant à défendre sa fille Janie contre son mari, et très autoritaire avec moi ensuite –, mais qui a toujours été présente pour nous. Qui nous a offert de partager ce qui rendait sa vie plus belle, à commencer par l'amour de la musique classique. Elle réunissait, lors de dîners fastueux auxquels mon grand-père aimait aussi prendre part, tout ce que la Belgique comptait de musiciens talentueux. Petite fille, je n'en étais pas exclue. À l'heure de l'apéritif, on me servait un fond de crème de cassis dans un verre en cristal fin, je trinquais comme les grands et prenais soin de ne pas boire le liquide épais trop vite, consciente qu'il ne s'agissait pas d'une vulgaire limonade. Ma grand-mère nous a aussi communiqué sa passion pour la danse : ensemble, nous avons assisté à toutes les créations du chorégraphe Maurice Béjart. Enfin, quelles que furent les tensions qui régnaient entre elle et son mari, elle aidait maman à transformer chaque anniversaire, chaque Noël, en une fête haute en couleur. Les paquets dégringolaient comme une pluie de pièces d'or depuis le sommet du sapin et se répandaient sur les tapis par dizaines. Grâce à elle, nous possédions toute une ménagerie de peluches gigantesques ; les tables étaient toujours fleuries. La vie de famille n'était jamais paisible chez Manet, mais elle était joyeuse, remuante, festive. Nous ne connaissions pas l'ennui.

Elle, si. Un rêve me l'a dit. J'entre dans l'appartement de l'avenue Émile-Max où elle habitait. C'est le soir sans doute, cette heure entre chien et loup où l'on n'a pas encore allumé les lampes, mais il ne fait pas tout à fait nuit, on distingue encore les meubles, la forme des tableaux sur les murs, la silhouette des vases sur les consoles. Je traverse l'enfilade des pièces, l'une après l'autre, enfin j'arrive dans le salon. Vêtue d'un peignoir soyeux, Manet est allongée sur le sofa, dans la même position que la Grande Odalisque, et comme le modèle d'Ingres, elle tourne son visage vers moi. Elle me paraît lasse et confirme mon impression par une phrase qu'elle prononce en traînant :

– Qu'est-ce que je me fais chier…

Manet n'utilisait pas un vocabulaire aussi vulgaire. En tout cas, elle n'a jamais dit ces mots devant moi. Mais je ne serais pas étonnée qu'elle les ait pensés si fort que je les ai entendus, d'une certaine façon. À moins qu'elle m'ait parlé de là où elle se trouve, maintenant, ce qui me contrarierait. Si le paradis existe, alors Manet, fervente catholique, a mérité d'y reposer mieux qu'elle a vécu sur terre : sans l'ennui, mais avec le même panache.

AMOUR (concept). Sentiment qui nous pousse vers une personne, inexorablement. Il peut naître brutalement, sans prévenir, chambouler notre vie et le semblant d'équilibre que l'on maintenait tant bien que mal jusqu'à la rencontre, le coup de foudre, et patatras : plus rien ne compte que cet autre, respirer son oxygène, le serrer contre soi. L'épater. Mais l'amour peut aussi éclore lentement, au rythme qu'il s'est choisi : on commence par éprouver un vague sentiment de curiosité, le désir s'en mêle, la complicité se crée… J'aime l'idée de l'amour, cette alchimie rare et nécessaire.

AMOUR (encore). Il s'appelait Thierry, mesurait un mètre et quelque, des billes roulaient dans ses poches. Qu'avait-il pour me plaire ? Je n'en sais rien. Nous nous sommes aimés à l'âge où il n'est pas besoin d'argument. Nous nous sommes choisis. Thierry et moi fréquentions la même cour de récréation, et pour aller jusqu'à l'école, nous marchions main dans la main. Nous avions cinq ans. Il était doux, le sentiment d'amour, alors.

DÉSAMOUR (hélas). Il s'appelait Thierry et j'ai dû le quitter. Elle s'appelait Janie, il s'appelait Guy, ils se sont aimés de cet amour susceptible de durer, seulement ils n'ont pas su, ils n'ont pas pu, trouver l'harmonie nécessaire. Pour des musiciens, c'est ballot.

– 7 –

Je me souviens encore du numéro de téléphone de la maison-lumière, rue Vandercammen à Auderghem : 72 87 10. Je suis repassée devant, une fois, en taxi, j'ai hésité, je ne suis pas descendue de la voiture et même, j'ai demandé au chauffeur d'accélérer. J'ai fui. Je n'avais plus rien à faire là, d'autres que moi s'y sont fabriqué des souvenirs, heureux, malheureux, ils leur appartiennent comme m'appartiennent les images figées que je garde de mes premières années. Ce temps est révolu, quelle que soit l'acuité de ma nostalgie.

En interrogeant ma mère, j'ai appris, tout récemment, que nous aurions pu retourner y vivre après notre départ de Verviers. Que c'est ce qu'elle espérait, en tout cas, mais que son père nous en a empêchés, voici comment : lorsqu'elle avait suivi son mari au conservatoire de Verviers et s'était installée dans l'appartement de fonction alloué à son directeur, maman avait chargé son père de mettre la maison désormais vide en location. À lui de trouver des locataires et d'encaisser les loyers permettant de rembourser à la banque les mensualités de l'emprunt. Ensuite, quand maman nous a emmenés, mon frère, ma sœur et moi, vivre dans la maison-nature, en concubinage avec son ami, elle n'entendait pas y rester plus d'un an : le temps que la maison de la rue Vandercammen se libère. Mon grand-père a endormi sa propre fille. Mois après mois, il lui a fourni toutes sortes d'explications plus ou moins plausibles pour justifier son impossibilité de lui rendre les clés, il a usé sa patience, essuyé sa colère, il est allé jusqu'à se fâcher avec elle, et pendant des semaines ils ne se sont plus parlé du tout. Quoi qu'il en soit, l'année de transition s'est multipliée par cinq, et lorsque maman a fini par quitter cet homme et son havre en pleine nature, ce fut pour emménager dans un appartement exigu d'une commune de Bruxelles. Elle a choisi de pardonner à son père pour ce qu'elle appelle aujourd'hui encore « une trahison ». Magnanime – et sage, et généreuse –, elle affirme qu'une maison n'est jamais qu'une maison, qu'on peut toujours s'en racheter une, si la vie vous sourit. Mais qu'on n'a que deux parents, que ce sont les mêmes jusqu'à ce qu'ils disparaissent, et qu'on n'a pas d'autre choix que de composer avec eux.

À leur façon, Manet et Loulou, mon grand-père, ont répondu présents quand elle s'est retrouvée seule avec ses trois enfants. Ils se sont occupés de nous, lorsque nous l'acceptions. Jean-Pierre, mon frère « qui est né fâché, le nez retroussé, les poings serrés, déjà en colère », selon maman, a demandé à retourner vivre à Verviers avec notre père. Elle n'a pas protesté. Entre son fils et elle, les relations ont toujours été tendues d'incompréhension, d'amour mal exprimé. Elle s'est alors concentrée sur la construction de son propre avenir, une autre façon de vivre. Son ancien amant, par vengeance sans doute, ne lui a pas laissé le loisir de récupérer le piano qu'elle avait entreposé chez lui : il lui a planté un poignard dans le cœur en le revendant comme s'il n'avait jamais appartenu qu'à lui. Infiniment malheureuse, ayant tout perdu, souffrant en plus d'une hépatite qui lui a fait perdre vingt kilos en quelques semaines, elle a trouvé la force de suivre une formation pour devenir esthéticienne et masseuse. Son père avait bien essayé de la faire travailler comme secrétaire dans ses bureaux, arguant qu'« elle saurait taper à la machine puisqu'elle savait jouer du piano », mais elle avait détesté cet enfermement et la solitude qui allait avec. Il lui fallait se trouver en contact avec des êtres de chair et de sang pour se sentir elle-même vivante.

Maman a tiré un trait sur la musique. Celle-ci lui avait procuré ses plus grandes joies – son premier amour, trois enfants, ce n'est pas rien – mais elle ne l'associait plus qu'aux échecs répétés de sa vie amoureuse. Jouer Debussy lui fut désormais intolérable. J'ai de la peine pour elle quand j'imagine cela. C'est comme si je devenais incapable de chanter. Autant dire de respirer.

Les femmes de ma vie n'ont pas reçu l'amour qu'elles méritaient, ou si tard. Âgée et malade, Manet alternait les phases de démence et les phases de sénilité. Elle ne lisait plus les livres, elle les léchait et faisait mine de les recracher en affirmant : « C'est tout du mauvais. » Mon grand-père se tenait auprès d'elle. Il a veillé sur elle jusqu'au dernier instant et s'est éteint quelques mois seulement après elle. Maman est restée pour eux une fille dévouée et reconnaissante. Toute leur vie, même dans les périodes de crise pendant lesquelles ils étaient en froid, elle leur a porté des fleurs pour leur anniversaire, elle a pris de leurs nouvelles. Elle a su leur pardonner leurs erreurs et leurs manquements.

Je n'ai pas toujours été une fille, une petite-fille, ni une sœur parfaite, loin de là. J'ai trop souvent laissé exploser contre mes proches une colère qu'ils n'avaient pas à essuyer. Et lorsque j'avais quelque motif légitime de me fâcher, je n'ai pas forcément eu le réflexe d'aller faire un tour à pied avant d'exposer mes griefs. Je suis restée silencieuse, absente, souvent et trop longtemps. Mais je m'applique le plus possible à suivre l'exemple de ma mère dont je suis plutôt fière. Elle s'est comportée comme une femme libre à une époque où une épouse ne quittait pas si facilement le père de ses enfants. Et lorsqu'elle n'avait pas la force ni le cœur de bien s'occuper de nous, elle nous a confiés à des gens – ses parents – en qui elle avait raison de placer sa confiance. Elle est restée, elle reste, fidèle à ce qui compte le plus pour elle : la famille et son indépendance d'esprit. L'équation se révèle parfois impossible, je le sais, j'essaie moi-même de la résoudre à longueur de temps sans y parvenir. N'empêche, comme maman, je m'y colle. Je me retrousse les manches, j'essaie de tout mon cœur, je ne recule pas devant l'obstacle, je ne désarme pas. J'ai appris cela de Manet et de ma mère. La famille nous pèse et nous porte tour à tour, à nous de faire avec. Pour la vie.

ŒUVRE de JEUNESSE (si l'on peut dire « œuvre »). Création du temps où l'on n'a pas encore appris à créer. Où l'on n'a encore rien appris du tout, ou l'on ne sait rien faire à moins d'être doué de génie, ce qui n'était pas mon cas. La preuve avec le refrain de cette chanson que j'ai écrite vers mes dix ans, premier titre de mon répertoire d'auteur-compositeur : « Il volait si haut, il chantait si fort, l'oiseau de paradis, l'oiseau de la nuit. » Certes, il y avait de la rime…

INSOUCIANCE (quelle chance !). Faculté de ne pas se faire de souci, de ne s'inquiéter de rien, ni qu'il pleuve au matin, ni qu'un tramway percute votre enfant. Commence comme les mots insoumission, insoupçonnable et insoutenable, c'est tout. J'ai connu une femme insoumise dont l'insouciance, insoupçonnable pour quiconque ne la connaissait pas intimement, devenait insoutenable pour ses proches. Je parle de ma mère. Aujourd'hui, enfin, je lui pardonne ce trait de sa personnalité qu'elle n'a pas choisi et qui me procura, quelle chance, l'occasion d'être libre (sans être heurtée par le moindre tramway).

LIBERTÉ (notion fragile). État de quiconque peut tout faire et tout dire, en théorie. Sentiment confus de puissance et de grande solitude. Faculté de s'extraire de son corps et du présent, sensation de voler haut, très haut. Obligation de faire des choix, petits et grands, mais comme il est fatigant de toujours choisir… Toute ma vie j'ai pu faire le choix de chanter, aussi ne me suis-je jamais sentie empêchée de quoi que ce soit ni obligée à rien. Quelle chance !

RUE (pavée ou goudronnée). Ligne creuse entre deux rangées de maisons, d'immeubles, de magasins, dans laquelle s'engouffrent tramways, voitures, bicyclettes et piétons. Lieu de rencontres si l'on choisit de s'y attarder un peu, si l'on ouvre l'œil et l'oreille, si l'on est assez empli de confiance pour ne pas avoir peur de l'autre. La rue, l'endroit que j'ai choisi pour faire mes débuts, et qu'on ne s'y méprenne pas : j'y exerçais une activité des plus honorables.

GLISSADE (mot furtif). Ce petit pas de danse se fait avec légèreté et sans décoller du sol. Le pied droit, mettons, file sur le côté ou vers l'avant

– si l'on fixait une craie à sa pointe, il tracerait un trait. Il se pose tout entier et déjà le pied gauche a entrepris de le rejoindre. Le corps a accompagné le mouvement, en une fraction de seconde il s'est déplacé tout entier, on n'y a vu que du feu. J'ai filé de la même façon vers le métier de chanteuse : une glissade de l'appartement au bitume, ni vue ni connue.

– 8 –

Un jour je suis descendue dans la rue. J'ai enfilé l'armure de laine et de douceur que Manet m'avait tricotée, un poncho mauve et magnifique (pour l'époque), j'ai glissé mes pieds dans des chaussures confortables, j'ai saisi ma guitare, et je suis descendue dans la rue. Personne n'a fait attention à moi. Personne ne m'a demandé où j'allais. Je suis sortie, voilà tout, j'ai adopté une attitude aussi banale que si j'allais acheter du pain, faire mes devoirs chez une copine, retrouver un fiancé que je n'avais pas. Tout était parfaitement normal.

J'ai laissé ma chambre minuscule dans l'appartement sombre où je vivais avec maman quand je ne dormais pas chez Manet. Fabienne venait de passer son examen de rhétorique – l'équivalent du baccalauréat français – et de prendre un studio à Schaerbeek. Notre mère travaillait beaucoup, courageuse et indépendante, elle consacrait l'essentiel de son temps à l'institut de beauté qui l'employait. Mon frère et mon père vivaient à Verviers. Ainsi, il n'y avait personne, le jour où je suis descendue dans la rue, pour assister à mon départ. Il n'y aurait personne, je le savais, pour s'inquiéter de mon absence, pourvu que je rentre à temps. Et même.

D'une façon générale, les adultes de ma famille ne se faisaient pas de souci pour moi. Non par désintérêt ni par indifférence : il se trouve que depuis mon plus jeune âge, j'avais toujours apporté la preuve que j'étais capable de m'adapter à toutes les situations, et sinon à éviter le danger, au moins à lui échapper. Je n'avais pas dix ans lorsque j'ai dû courir et me cacher, dans les environs de la maison-nature, afin d'échapper à un homme qui me voulait je ne sais quoi, j'ai eu la chance de ne pas le découvrir... C'est arrivé pendant l'une de ces journées que je passais seule avec mes cahiers, flânant dans les bois. J'avais dû m'approcher d'un champ. J'ai réussi à m'en éloigner à temps, à semer mon poursuivant, et je ne me rappelle pas avoir évoqué l'incident le soir en rentrant. J'avais eu une frayeur, certes, mais il n'était rien arrivé de si terrible. Surtout, je ne voulais pas que l'on me prive de liberté, fût-ce au prétexte de me protéger d'un danger potentiel.

Lorsque j'ai décidé de descendre dans la rue, à l'âge de quatorze, quinze ans, je n'ai pas réfléchi aux loups susceptibles de me barrer le chemin. Je ne me suis même pas demandé quel genre de loups arpentent les rues de Bruxelles. Je n'éprouvais ni sentiment de toute-puissance ni la moindre crainte. J'étais dans l'action, pas dans la réflexion.

Je me suis postée en plein centre-ville, à quelques encablures de la célèbre Grand-Place et de la galerie de la Reine, à l'angle de la rue des Bouchers et de la rue des Dominicains. Aujourd'hui encore, ce sont deux artères étroites que seuls empruntent les véhicules de livraison, le matin ou le soir tard, après la fermeture des restaurants qui bordent les chaussées. Aux beaux jours, les tables envahissent une large bande de pavés, les touristes en se promenant comparent les prix des marmites de moules, partout c'est frites à volonté, la bière vaut trois sous. J'ai sorti ma guitare et j'ai commencé à chanter, sans me demander de quoi j'avais l'air dans mon poncho mauve ni de quelle façon je serais reçue par un public qui ne m'attendait pas. Lorsque je suis rentrée chez moi, le soir venu, personne ne s'est inquiété de savoir où j'avais passé l'après-midi. Maman m'accordait sa confiance. Pendant des mois, j'en ai profité, je n'avais pas le sentiment d'en abuser.

Il est probable que ce premier jour dans la rue, des passants ont ralenti leur pas. J'imagine que beaucoup sont passés sans me prêter une seconde d'attention, mais que certains, quand même, ont tendu l'oreille. Je devine qu'une petite fille, attirée par ma tenue digne de Pocahontas évadée de Woodstock, s'est approchée tout près. Je n'ai rien vu, rien entendu, rien senti. Les doigts de ma main gauche plaquaient les accords sur le manche de ma guitare, ceux de ma main droite grattaient et pinçaient les cordes, je me concentrais sur la musique et mes chansons, puisque j'interprétais mes compositions du moment. L'une d'elles s'appelait *J'ai le trac*. Non, je n'avais pas encore le trac comme je l'ai aujourd'hui lorsque je m'élance sur scène ou même sur un plateau de télévision. Dans la rue, ma voix ne tremblait pas, mes mains restaient sèches, je ne manquais pas de souffle. J'y étais descendue sans arrière-pensée et sans but, parce que je chantais déjà comme on respire, et parce que j'avais envie de respirer à l'air libre.

Il m'a semblé tout aussi évident d'y retourner, le mercredi suivant, lorsqu'il n'y avait pas cours, ou le samedi après-midi quand ma mère travaillait et qu'aucune réunion familiale n'exigeait ma présence. Je suis allée me poster au même endroit exactement, vingt mètres plus loin si mon coin était pris : la rue ne m'appartenait pas, je n'avais pas à me battre pour défendre ni même gagner un bout de territoire, et si nous étions plusieurs à nous y installer régulièrement, nous n'étions pas assez pour nous faire la guerre. Je suis devenue amie avec Marie, une jeune femme qui dépliait un linge sur le trottoir et y disposait de petits bijoux fantaisie qu'elle essayait de vendre. Je me souviens de quelques commerçants qui me saluaient lorsque j'arrivais et qui me proposaient un chocolat chaud si le temps était frais. Ils me voyaient comme une enfant. Ils avaient raison. Je n'étais pas encore Maurane, mais Claudine, une gamine comme tant d'autres, sauf qu'elle jouait de la guitare et qu'elle chantait.

Lorsque je me fus habituée, lorsque l'exercice de mon spectacle ne demanda plus l'intégralité de ma concentration, j'ai commencé à lever le nez. J'ai regardé la vie qui coulait devant moi, vers l'est, vers l'ouest, et par tous les temps. Une femme croise un homme qui parfois se retourne sur elle, parfois non. Deux copines en goguette se tiennent par le bras et gloussent – à cause de moi ? Une petite famille se dispute ou boude, chacun marche pour soi. Deux amoureux s'embrassent à pleine bouche et tanguent et trébuchent et rient aux éclats. Une armée de petits soldats se presse de rejoindre qui sa caserne, qui son magasin, qui son bureau. Un chat, un chien sans laisse avec un maître au bout. Un jeune, parfois plus tellement jeune, les yeux vitreux, voilés, embués, la démarche enivrée, titube dangereusement : les autres passants s'écartent avec prudence. Exposée aux regards de tous, mais à l'abri dans ma bulle de chansonnière, je les ai tous vus et je n'ai rien appris d'eux : ils étaient dans leur bulle, eux aussi, et s'ils consentaient à la crever du bout des doigts le temps de poser une pièce dans mon escarcelle, de m'adresser un sourire ou de me lancer quelques mots, ils retournaient s'y lover et passaient leur chemin. J'aimais autant cela, alors. Aux tout débuts, du moins : je ne chantais pas dehors afin d'y lier connaissance, ni pour y glaner de quoi m'acheter une robe ou une nouvelle guitare. Je l'ai dit : je ne savais pas pourquoi je descendais chanter dans la rue… Sinon pour chanter.

Aujourd'hui me vient l'idée que peut-être, de façon inconsciente, je cherchais à éprouver ma capacité à faire de la chanson mon métier. J'étais le comédien d'une troupe amateur qui passe une audition parmi des professionnels pour la première fois. L'écrivain du dimanche qui ose envoyer à un éditeur renommé le manuscrit qu'il vient d'achever. Qu'est-ce que j'aurais bien pu faire, sinon ? Je me pose la question maintenant que ma carrière est faite, mais lorsque j'avais cinq ans, dix ans, quinze ans, je ne prenais pas le temps d'y réfléchir un seul instant. Il faut gagner un minimum d'argent pour payer son logement, son chauffage, et de quoi se nourrir : j'en étais consciente, je voyais bien comme les gens normaux comptaient le moindre franc, et comme mes grands-parents ne comptaient pas, eux, alors qu'ils auraient dû… Je baignais dans l'insouciance qui caractérisait ma famille du côté de ma mère.

Je vivais dans le passé, un peu, nostalgique de la maison-lumière et de mes parents unis, mais je m'accrochais surtout au présent. Maman s'était remariée avec un homme qui ne m'a laissé aucun souvenir heureux ni ému – à elle non plus d'ailleurs ! –, ma sœur Fabienne avait son propre appartement, j'envisageais de prendre mon indépendance aussi, sans plus. Je ne pensais pas au lendemain, encore moins aux années à venir. Si l'on m'avait interrogée sur mes projets professionnels, j'aurais simplement répondu que je n'en avais pas, et c'était vrai. Je ne me projetais pas plus loin qu'au mercredi suivant, à l'angle de la rue des Bouchers et de la rue des Dominicains, ma guitare à la main.

CLAIRVOYANCE (qualité requise). Capacité à voir clair malgré l'apparence trompeuse des choses. Elle devrait être obligatoire. Chacun devrait naître équipé d'un réservoir de clairvoyance dans lequel il plongerait à volonté toute sa vie durant. Histoire d'éviter les erreurs de jugement trop lourdes, les situations trop périlleuses, les rencontres toxiques. À moins qu'une bonne dose d'esprit indépendant ne puisse compenser une absence momentanée de clairvoyance. Il semble que cela fut mon cas, maintes fois.

– 9 –

Enfermée dans sa cabine, dans son institut de beauté et de massage, ma mère ne voyait jamais la couleur du ciel. S'il pleuvait sur mon poncho mauve et sur ma guitare, elle l'ignorait. Elle appliquait cire, crèmes et linges purifiants sur des visages, des jambes, des corps qui lui étaient étrangers ; pour ses clients elle était une esthéticienne compétente et appliquée, une professionnelle du bien-être, un uniforme blanc, une espèce d'infirmière, la seringue menaçante en moins. Ils échangeaient avec elle les politesses d'usage, et parfois davantage, sans se lier d'amitié, ils s'intéressaient à cette personne aimable qui leur faisait tellement de bien. Pourtant, ils ne savaient rien de la femme dans la blouse. Rien d'essentiel. Avait-elle un mari, des enfants, un chien ? Vivait-elle dans une maison ou dans un appartement ? Ses voisins faisaient-ils du bruit ? Buvait-elle beaucoup d'alcool, faisait-elle souvent l'amour ? Ils ne posaient pas ces questions qui ne se posent pas. De la même façon, ma mère ne m'interrogeait pas. Elle ne savait pas grand-chose de moi, de mes activités du jour, de la nuit, ni de mes fréquentations.

Dany avait vingt-huit ans quand j'en avais quinze. Directeur d'une auto-école à Stockel, une des communes excentrées de la capitale, il assouvissait sa passion de la chanson dans la rue, à ses heures perdues, comme moi. C'est tout naturellement que nous nous sommes associés. Nos guitares se sont accordées, nos répertoires se sont croisés, notre duo portait plus loin, plus gaiement : ensemble, nous n'avions plus l'air d'âmes égarées. Quand j'y repense… Ma naïveté confinait à la bêtise. Heureusement que Dany ne me voulait aucun mal. Il demandait surtout à faire pot commun. Comme je n'avais pas le sens des affaires, il gardait le pot pour lui, et je n'avais même pas le début de l'idée de protester. Seul m'importait de chanter.

Jour après jour, je progressais. Sans micro, sous le crachin, dans le vent, je m'adaptais pour m'imposer, à la vue et à l'ouïe de tous, sauf de ma mère, donc, cloîtrée dans sa cabine, jamais libre de se promener au hasard des rues à l'heure où je m'y trouvais. Je ne craignais même pas de la voir arriver, pas plus que ma grand-mère qui ne venait jamais dans le quartier où j'exerçais « mon art ». Comme je me sentais à ma place, j'étais à peu près certaine que je saurais les en convaincre si nécessaire. D'ailleurs, il n'y avait qu'à rester là et à me voir : je suscitais de l'intérêt parmi les passants, certains s'arrêtaient, me demandaient depuis quand je chantais, qui avait composé ces musiques, écrit ces paroles. Ils en surent bientôt plus sur moi que les membres de ma famille. Fabienne, très indépendante, menait sa vie sans rien exiger de quiconque, elle enchaînait les petits boulots pour payer son loyer, elle ne rendait de comptes à personne. De son côté, Jean-Pierre avait quitté Verviers : il s'était trouvé un job dans une espèce de communauté au Danemark, il nous envoyait une carte postale de temps en temps, son cas ne constituait ni un mystère ni un problème. C'était Jean-Pierre… Ainsi vivions-nous tous : sur la même planète, liés par notre histoire et notre sang, mais chacun sur un chemin différent.

Tous m'avaient vue à la télévision, tout de même, ils devaient bien savoir dans quelle voie je m'étais engagée… Dès l'âge de douze ans, j'étais passée dans l'émission intitulée *Feu vert : jeunes talents,* un télécrochet. J'y étais venue une première fois avec le groupe de danse folklorique auquel je participais. Lors d'un moment vide, comme il y en a beaucoup lors des enregistrements, j'avais demandé l'autorisation de m'asseoir face au piano inoccupé. J'avais chanté tout en m'accompagnant, récolté une invitation à revenir sans mes camarades danseuses, et des encouragements à poursuivre mes efforts. Quels efforts ? Je chantais comme l'eau coule. Au lycée, j'avais monté un groupe sur le modèle du Big Bazar, la joyeuse bande de Michel Fugain. Je reprenais les tubes de l'artiste tandis que mes amies assuraient les chœurs et l'ambiance, leurs tenues vestimentaires faisant office de décor : elles n'avaient rien à envier à mon poncho… Nous nous appelions Le Minibrol (le brol signifie le bazar en Belgique), et notre réputation nous a vite rapporté des engagements dans quelques écoles, collèges et lycées de Bruxelles et des environs.

Ma mère, ayant remisé ses crèmes et raccroché sa blouse un jour de fête de fin d'année, a assisté à une représentation. Elle a vu comme je m'épanouissais, un micro à la main. Elle n'a fait aucun commentaire. Sœur Jeanne, en revanche, l'une des sœurs de la Retraite du Sacré-Cœur, eut un mot gentil pour moi :

– Tu as des possibilités.

De sa part, le compliment valait de l'or : toutes les élèves la redoutaient pour sa rigueur implacable. Lorsqu'elle nous croisait dans les couloirs du lycée, mieux valait avoir réparti son col harmonieusement sur les épaules de son chandail : sœur Cravate, comme nous la surnommions, ne nous passait rien. Si j'étais parvenue, par ma voix, à lui faire oublier mon uniforme de chanteuse des rues…

Sœur Jeanne s'est-elle demandé qui était Dany, l'homme à la guitare, sur le même bout de trottoir que moi ? A-t-elle jugé que je ne risquais rien puisque j'étais accompagnée ? Je ne l'étais pas tant que ça et je ne m'en plaignais pas. C'est seule, sans l'autorisation de quiconque, que je me suis présentée au Grenier aux Chansons. Une comédienne nommée Jane Tony – je n'ai jamais su son véritable patronyme – l'avait fondé en 1956 rue du Marché-aux-Peaux et elle en avait fait une institution incontournable dans le milieu des arts bruxellois. Sur la scène minuscule de ce grenier, en l'occurrence quelques planches étroites, se succédaient chansonniers, poètes, écrivains, acteurs, la maîtresse des lieux n'exigeant d'eux que la sincérité. Elle me crut quand je lui racontai que rien ne m'attirait, ni les études, ni les robes, ni les garçons (mensonge pour les garçons), mais seulement la chanson. Elle m'offrit de me produire là, pour la première fois, face à un vrai public. J'ai eu le trac, cette fois : il n'y avait rien de commun entre cet espace enfumé et la rue ; ici, c'était du sérieux… Sérieux pour la chanteuse mais aussi pour les spectateurs. Bien sûr, entre deux titres, ils apostrophaient Jane Tony pour qu'elle leur serve une bière, ils se levaient afin d'embrasser le pote qui venait de les rejoindre, enfin, avec une heure de retard, quand même il exagérait, mais qu'est-ce qu'il avait fichu ? Ils lui tapaient sur l'épaule, heureux de le voir, malgré tout. Puis ils se rasseyaient, plus attentifs que les clients des restaurants, ceux à qui j'avais envie de lancer : « Eh oh ? Oh eh ?

Vous m'écoutez ? Coucou, je suis là ! » Au Grenier, lorsque les pieds des chaises avaient fini de racler le parquet, je ne forçais pas la voix pour être mieux entendue. Mes yeux pleuraient à cause du tabac, ma voix devenait plus grave, mon émotion grimpait en flèche… Je chantais, je chantais comme une presque pro, dans des conditions techniques approximatives – pas de micro et une lumière impossible à régler –, mais il y avait là une sacrée différence avec les restaurants et la rue : un billet dans le fond de ma poche. Mon premier cachet.

ABANDON (complexe). Prise de distance, irréversible. Demi-tour, volte-face, adieux. Il suffit parfois de peu pour qu'on se sente abandonné : un parent tellement préoccupé par son quotidien, son ennui, ses soucis, qu'il vous oublie un instant, vous voilà abandonné pour la vie. Quelle que soit la personne qui vous recueille, quelque conviction qu'elle mette à vous rassurer, vous attendrez toujours le moment où vous serez abandonné de nouveau. Les psys évoquent alors le complexe de l'abandon. Je crains, pour ma part, de ne jamais pouvoir en sortir.

INDÉPENDANCE (du corps). Solution temporaire mais efficace à l'abandon. Quand on a la sensation de ne pouvoir compter que sur soi-même, autant se mettre en condition de subvenir seul à ses besoins. Attention : ne fonctionne pas avec le cœur. On reste toujours dépendant des sentiments d'autrui.

– 10 –

Maman ne m'a pas demandé d'où je rentrais, si tard, le samedi soir, voire aux petites heures du matin suivant. C'est vrai, j'avais l'âge, déjà, de sortir avec des amis, et si mes vêtements sentaient la cigarette, il était facile d'imaginer que nous nous étions abrités dans quelque café où les fumeurs empoisonnaient l'oxygène des autres en toute impunité. Elle n'a pas dit un mot lorsque je me suis installée avec ma sœur dans son appartement. Nous ne vivions pas seules : Fabienne avait la fâcheuse manie de recueillir tous les chats errants du quartier, lesquels ne se privaient pas de marquer leur nouveau territoire d'une odorante façon. Ma mère n'a pas bronché davantage lorsque son père me dénicha mon propre studio, en refit la décoration et me tendit les clés : les trois premiers mois étaient réglés, à moi de me débrouiller pour les loyers suivants.

Maman n'intervint qu'une fois lors de mon emménagement : pour exiger que je fasse installer le téléphone, jugeant que je devais pouvoir appeler et être appelée à tout moment. Là aussi, je fus bien obligée de payer les factures, et la pension que m'envoyait mon père chaque mois n'y suffisait pas. Pour autant, alors que je n'étais encore qu'une gamine, personne ne s'est demandé comment je réunissais l'argent nécessaire. Mes voisins faisaient-ils du bruit ? Buvais-je plus que de raison ? Est-ce que je faisais souvent l'amour ? Parce qu'elle avait confiance, parce qu'elle souffrait du syndrome de l'insouciance, ma mère ne me posait pas les questions que ses clientes ne lui posaient pas non plus. Et franchement, cette situation me convenait.

Je voyais mon père quand je le souhaitais, à Verviers, à Bruxelles s'il y venait. Je me rendais aux déjeuners chez Manet qui nous servait toujours les mêmes plats copieux dans la même vaisselle raffinée, l'atmosphère était toujours aussi douce, ou joyeuse. Je restais la sœur de Fabienne, jamais loin, de Jean-Pierre à peine rentré de Scandinavie, je restais la fille de ma mère et la petite-fille de Manet et de Loulou : tous s'interrogeaient sur mon avenir, mais sans me questionner, moi, la première concernée. J'étais la protégée de Jane Tony, petite dame de fer de quatre-vingts ans, la pupille bleu acier, une masse de cheveux argent lissés comme dans un épisode de *Dallas*, une personnalité hors du commun. Généreuse, elle s'arrangeait pour que je puisse me produire aussi dans les autres cafés-théâtres, cabarets et restaurants où des producteurs étaient susceptibles de me repérer. Je ne manquais pas d'engagements.

Je n'étais déjà plus lycéenne : à l'âge de seize ans, j'avais rendu mon uniforme sans laisser aux membres de ma famille la moindre chance de me faire changer d'avis. Francine Marot, l'une de mes enseignantes, m'avait donné sa bénédiction après m'avoir vue et entendue dans un cabaret bruxellois. Depuis des années, ce professeur d'arts appliqués s'intéressait à moi avec une bienveillance particulière. Elle m'emmenait visiter des expositions, elle me faisait découvrir des auteurs, elle se montrait curieuse envers ce que je produisais moi-même. Elle ne jugeait pas que je serais perdue, forcément perdue, si je ne suivais pas un cursus d'études pour lequel, à l'évidence, je n'étais pas faite.

– Tu sais Claudine, me dit Francine un matin au détour d'un couloir du lycée, je t'ai vue samedi soir… Je crois que ce n'est plus la peine que tu ailles à l'école.

Elle avait l'air tellement sûre d'elle ! Elle avait bien réfléchi, elle m'annonçait une évidence qui n'était pas un problème : que je cesse les cours et que je me consacre entièrement à la chanson. C'est inouï : si elle ne me l'avait pas dit aussi simplement, ce jour-là, si elle m'avait convoquée dans un bureau, de façon plus solennelle, si elle m'avait infligé un discours préalable sur la précarité des artistes, par exemple, sur le risque – réel – que je courais de ne jamais gagner correctement ma vie, il est probable que je ne me serais pas autorisée à foncer comme je l'ai fait ensuite. Seule, je n'aurais pas eu le cran d'annoncer à mes grands-parents et à mes parents que je n'irais pas jusqu'au diplôme de rhétorique. Je n'aurais pas eu l'audace de penser que j'avais raison, moi, depuis le début, seule contre tous ces adultes tellement convaincus de ce qui était bon pour moi, et qui insistaient si lourdement pour me farcir le crâne de solfège et de notions de mathématiques.

J'ai souvent rencontré la chance dans ma vie, elle affichait un visage féminin. Ma mère fut une chance pour moi. Je lui en ai voulu longtemps parce qu'elle n'avait pas prêté davantage attention à moi. Je m'étais sentie abandonnée, livrée à moi-même, pas très intéressante puisque je ne suscitais pas son intérêt. Mais que se serait-il passé si elle m'avait empêchée de chanter dans la rue ? Je n'y ai fait aucune mauvaise rencontre, ma bonne étoile a veillé sur moi. C'est parce qu'elle n'a jamais eu peur pour moi que ma mère m'a laissée suivre mon chemin, je dois l'en remercier aujourd'hui. Francine Marot fut une autre porteuse de chance, parce qu'elle m'a toujours comprise. Je pense à

Jane Tony enfin, la première à avoir cru en moi. Elle est morte en 1981, quatre ans après notre rencontre, puis elle est revenue me voir, dans mon sommeil, dix ans plus tard… Je suis attablée devant une multitude de plats moyenâgeux : des faisans farcis, des pâtés, des coupes d'épices et de céréales, des carafes de vin et des pains à la croûte dorée jonchent la table éclairée de chandeliers d'étain. Les convives se parlent à voix feutrée, l'atmosphère est douce, un feu de bois me chauffe le dos, je me sens bien. Soudain mon regard se pose sur Jane qui préside le repas. Je m'étonne de la voir là : même dans mon rêve, je sais que c'est impossible puisqu'elle est morte depuis des années ! Les yeux écarquillés, je lui lance un défi :

– Jane, dis que tu es en vie.

Elle me fixe un long moment, l'air vaguement amusé, puis elle m'adresse un clin d'œil.

Aujourd'hui, pour croiser le regard de ma mère, son regard de petite fille, je n'ai qu'à passer la voir dans son appartement-cocon ou l'inviter à venir prendre un café à la maison. Elle a été distante, parfois, silencieuse, comme absente, mais au fond, elle ne m'a jamais abandonnée. Elle me suit, de près, de loin, mais elle n'a jamais rompu le fil qui nous lie. Aujourd'hui elle me guette à la télévision et râle contre les animateurs des émissions qu'elle apprécie et qui n'ont pas la bonne idée de m'inviter. Elle est fière de moi, de la chanteuse que je ne serais peut-être pas devenue si elle m'avait défendu de descendre dans la rue avec ma guitare. Nous avons mis du temps à faire connaissance, toutes les deux. Mais enfin voilà, c'est arrivé.

S'ACCEPTER (comment ?). Voilà un verbe dont le mode d'emploi me fait défaut depuis toujours. Comme je suis douée en conjugaison, je sais l'employer. Mais dans une phrase au présent et à la première personne du singulier, ça coince. À la forme négative, à la limite, je peux essayer : je ne m'accepte pas. Sauf que ce n'est pas tout à fait vrai non plus. Allez, disons que je m'accepte en partie. C'est déjà un progrès.

SOI (pour la beauté du son). Trois lettres formant ensemble un mot doux comme le tissu dont on fait les dessous. Si j'étais capable d'utiliser le verbe cité ci-dessus, je serais moi portant des dessous de soie, je me trouverais belle, je me montrerais comme telle dans l'intimité d'une chambre, je dirais à un homme : voilà, juste pour toi. En attendant, me voilà forcée de cultiver ce qu'on appelle le quant-à-soi.

PUDEUR (handicap). Incapacité à confier, à montrer, à laisser entrevoir, qui l'on est et comme on aime. À l'écrit, à l'abri derrière les mots, bientôt derrière le livre, ma pudeur s'amenuise. Tant mieux.

POIDS (sans *d*, on le dit petit). Boule de métal lourde de 7,260 kg pour les hommes, de quatre kilos pour les femmes, qu'il s'agit de lancer le plus loin possible en prenant son élan dans un cercle de deux mètres dix de diamètre. Discipline olympique depuis les Jeux d'été de 1904 organisés à Saint-Louis, aux États-Unis. Que l'on ne m'en demande pas davantage en matière de sport, je m'y connais bien moins que je le prétends ici : parler d'athlétisme est la seule astuce que j'aie trouvée pour remettre à la page suivante l'exercice périlleux consistant à évoquer un sujet qui me pèse.

– 11 –

Je marche sur un chemin, d'un pas lent, sereinement, sans savoir ce qui m'attend, mais sans la moindre inquiétude. Des arbres bordent le sentier, leurs feuilles touchent le ciel, peut-être : je ne sais pas, je ne les vois pas. Je perçois seulement leur forme, statique, immuable. Je progresse comme on se promène. En quelle saison sommes-nous ? Cela n'a pas d'importance, il ne fait ni chaud ni froid, ni beau ni gris, je suis bien. J'avance. Après ce virage, je trouverai quoi ? Je continue, sans impatience, comme s'il était certain que je serais contente, quoi qu'il arrive, à la fin. Cette clairière dans laquelle je débouche signifie-t-elle la fin de mon aventure ? Je m'arrête, interdite, dès que j'y pénètre. En son centre se dresse un arbre au tronc court et aux branches fournies. Parfait, harmonieux et généreux, il me tend ses fruits. J'approche avec méfiance : c'est trop beau. Je tends une main, lentement, je crains le piège. Comme si l'arbre, sentant que je m'apprête à le toucher, pouvait avoir le réflexe de rétracter ses branches et de me les rendre, ainsi, inaccessibles. Pourtant non, il semble que je peux le saisir, ce fruit de la tentation un brin étonnant. Il s'agit d'un double cheeseburger…

Je m'en suis mis plein la panse. J'en ai avalé des dizaines, sans les mâcher, ou à peine, la sauce et la graisse de la viande coulaient sur mon menton, j'en avais dans la bouche, dans les mains, j'en fourrais dans mes poches, je voulais les cueillir tous pour en faire provision. L'arbre de mon rêve était divin. Divinement écœurant. Je me suis réveillée le cœur au bord des lèvres, j'ai dû essuyer mon visage, vérifier que mes doigts étaient secs, les porter à mes narines pour être sûre que je n'avais pas réellement englouti des dizaines de milliers de calories dans ma nuit. Et pour lever le dernier doute, je suis sortie de mon grand lit, j'ai gagné la salle de bains avec angoisse, en me tâtant le ventre, les fesses, les bras, le cou, et je suis montée sur la balance. Fin du plus merveilleux cauchemar qu'il m'ait été donné de faire : je n'ai pas pris un gramme.

Je suis au régime. Tout le temps. Et les régimes, je les ai tous faits. J'ai mangé tout cru. J'ai mangé tout cuit. J'ai mangé des protéines et rien d'autre – ce qui m'a donné une haleine de cheval et des boutons d'adolescente sur le front. Je me suis nourrie d'ananas. De soupes. De sachets lyophilisés que je devais mélanger à de l'eau et qui me rendaient purement et simplement dépressive, déjà que… Je me suis fait avoir, en beauté, par tous les gourous qui me promettaient un miracle. Chaque fois j'y ai cru… C'est dire comme j'avais envie d'y croire. Constatant que chaque nouvelle série de privations me menait, au final, à prendre plus de poids que je n'en avais perdu, j'ai opté pour une méthode plus douce : je me suis inscrite au programme Weight Watchers, qui encourage à se nourrir de façon très équilibrée sur le long terme. Je suis même devenue l'égérie de la marque pendant quelque temps en Belgique. Lorsque je ne m'y tenais pas assez, je prenais la chose à la légère.

– Alors Claudine, tu as perdu combien ? me demandait-on.

Et moi, du tac au tac :

– J'ai perdu deux mois !

Je n'avais pas honte de participer aux réunions collectives durant lesquelles chacun, qu'il soit vedette de la chanson, conducteur de bus ou pharmacien, raconte aux autres ses pulsions alimentaires, ses coups de mou de la semaine, voire ses crises de boulimie. Je n'avais pas davantage honte que mon pays tout entier sache quel combat je menais. Parce que ce n'est pas ma faute. L'excédent de poids, je suis tombée dedans comme Obélix dans la marmite de potion magique : quand j'étais petite.

C'est ma grand-mère, Manet, qui la première m'appela Bouboule. Un sobriquet cruel, sorti de la bouche d'une femme que j'aimais et qui m'aimait tout autant, je n'en ai jamais douté. Elle manquait seulement des notions de psychologie infantile de base, de même qu'elle ne connaissait rien à la diététique. Dans un domaine comme dans l'autre, les bonnes informations n'avaient pas encore circulé parmi le plus grand nombre, l'alimentation n'était associée à la question de la santé que dans le sens où l'on se nourrissait à sa faim et même au-delà. Voilà : pour mon malheur, dans les années 1960 qui furent celles de mon enfance, il fallait manger. Manet avait connu la guerre et la faim, elle m'encourageait à ne rien laisser, et elle parvenait sans peine à se faire obéir car tout ce qu'elle faisait glisser, directement de la poêle à mon assiette, avait le bon goût de sa délicieuse odeur. Les viandes baignaient dans les sauces. Le filet américain, version belge du steak tartare, voyait ses protéines noyées dans des litres de mayonnaise à l'estragon. Les pâtés portaient une armure de croûte feuilletée, le beurre nimbait pâtes et pommes de terre, même si celles-ci avaient d'abord été frites. Pas de légumes, ou si peu, et toujours abondamment enrichis de toute façon : les chicons, appelés endives en d'autres contrées, ne sortaient du four qu'enrobés de sauce Béchamel et nappés d'une épaisse couche de fromage fondu et gratiné. Les tartes, enfin, étaient davantage garnies de crème que de pommes… Manet léchait les cuillères avec gourmandise dans sa cuisine, cela suffisait presque à la rassasier : elle restait mince, je ne l'avais jamais été.

– Bouboule, tu as pris…

C'était reparti… Oui, je savais ce qui allait suivre, même si je jouais l'innocente. Parce que j'étais innocente en effet ! J'interrogeais ma grand-mère :

– J'ai pris quelque chose ?

– Du poids, ma fille. Tu as pris du poids.

Pour en être absolument certaine, pour obtenir, si possible devant témoins, la confirmation de son intuition, elle m'emmenait à la pharmacie. Honteuse, je montais sur le socle du pèse-personne, l'aiguille des kilos commençait sa progression dans les dizaines, je fermais les yeux pour ne pas voir où elle s'arrêtait, pourvu qu'elle s'arrête. Je fermais les yeux alors que j'aurais voulu me boucher les oreilles. Manet claironnait le résultat et le ponctuait, victorieuse, d'un :

– Je te l'avais bien dit que tu avais pris !

Ma sœur Fabienne, qui se trouvait le plus souvent avec nous, avait la délicatesse de porter son attention sur les publicités pour les chaussures orthopédiques et les boîtes, pourtant toutes identiques, de pastilles contre la toux, dont elle se souciait comme de son premier hochet. Je baissais le nez pour ne rien voir du sourire entendu que Manet échangeait avec le pharmacien, mais je ne pouvais éviter d'entendre sa sentence.

– Bouboule… Régime !

On le sait tous aujourd'hui, nutritionnistes et pédiatres le répètent assez : on ne met pas un enfant au régime. On réduit les apports de graisse et de sucre dans son alimentation, on l'encourage à faire un peu plus d'exercice physique, limitant ainsi la prise de poids tandis que la croissance se poursuit. Surtout, on lui apprend à se nourrir de façon plus équilibrée sans créer, si possible, de frustration. En aucun cas on ne l'humilie en public. On ne le blâme pas pour sa gourmandise. On ne le dévalorise pas par un surnom qu'il ne peut pas être fier de porter. On n'entretient pas ses rondeurs en lui donnant pour le goûter, comme ma grand-mère en avait l'habitude en période de « régime », une pomme accompagnée d'un énorme morceau de gruyère, ou une tranche de pain complet assortie d'une demi-plaque de beurre… Il est vrai que Manet n'avait aucune raison de remettre en cause ses qualités de cuisinière et de diététicienne conjuguées : de toute la famille, j'étais la seule qui stockais !

Chaque été, dans l'appartement du bord de mer qu'elle louait pour ma sœur et moi, elle veillait sur mon tour de taille avec une efficacité très relative, d'où le sentiment d'échec qui la contrariait. Un jour, elle m'a rapporté les propos qu'elle avait entendus de la bouche d'une femme assise à côté d'elle à la terrasse d'un café, tandis que je jouais à quelques dizaines de mètres devant elles.

– Elle est belle, cette petite, là-bas, avait dit la vacancière à son mari, en parlant de moi. Elle est belle, mais quel dommage qu'elle soit si grosse !

Et quel dommage que ma grand-mère n'ait pas eu l'idée de garder pour elle cette méchante remarque. Quelle réaction de ma part espérait-elle obtenir en me la répétant ? Je n'étais pas grosse par plaisir, ni pour lui déplaire, je n'étais pas grosse faute d'en avoir conscience et d'agir de manière à corriger cet état de fait. J'étais grosse parce qu'il y avait quelque chose, en moi, qui dès le départ m'avait donné la possibilité de le devenir, et parce que j'avais été nourrie de sorte que je le devienne.

Je me regardais dans les miroirs, comme toutes les petites filles et les adolescentes se regardent. Je guettais l'expression la plus charmante sur mon visage, le sourire le plus séduisant, la moue fatale. Je me regardais comme se regarde la méchante reine dans le conte de *Blanche-Neige*, demandant « qui est la plus belle ». C'était Fabienne, plus grande, plus blonde, les yeux verts, quelque part entre Romy Schneider et Marina Vlady, on a vu pire… Seulement je n'aurais jamais tendu une pomme empoisonnée à ma sœur. J'ai eu la chance, dès l'enfance, de réussir à ne pas me trouver jolie sans envier les autres. Pourquoi alors ces mêmes autres n'étaient-ils pas capables envers moi sinon d'empathie, au moins d'indifférence ? À l'école aussi, on m'appelait Bouboule.

À l'orée de l'adolescence, comme s'il ne suffisait pas de me désigner comme la grosse, les pestes affirmaient en plus que je puais. Si je sentais mauvais, c'était d'avoir douze ans et les hormones en bataille, ni plus ni moins que celles qui me désignaient en se pinçant le nez, mais non, je n'étais pas sale. J'ai bien des défauts, mais j'ai toujours eu une hygiène irréprochable. Lorsque je croise des groupes de jeunes filles dans la rue aujourd'hui, j'ai presque envie de prêcher : « Mesdemoiselles, aimez-vous les unes les autres. Et à défaut, aimez-vous vous-même. On ne sait jamais qui nous aimera… » Il faut passer par là, sans doute, traverser ces moments pénibles où l'on voudrait être une autre, et je sais aujourd'hui que cela arrive même aux plus fines. Que le bonheur n'est pas de se trouver irrésistible en son miroir au point de n'aimer plus que soi. J'ai compris que la légèreté n'a rien à faire avec le poids.

CORPS (petit mot pour tant de choses). Ensemble hétéroclite de tissus, organes, fluides, nerfs, muscles et tendons, poches, os. Mécanique d'une affolante complexité que l'on cache sous la peau, les cheveux, sous les vêtements et les draps dont on se couvre. Abri pour l'âme et le cœur, d'où le problème. Lorsque je trouve dans ma boîte à lettres une belle enveloppe, et dans celle-ci un flot d'injures, je jette le tout à la poubelle sans me poser de questions, je passe à autre chose. Mais lorsque l'enveloppe est trop vilaine, je n'ai pas toujours envie de découvrir quels trésors elle recèle.

Corps, source de bien des malentendus.

– 12 –

Que l'on chante – ce n'est pas si fréquent chez les hommes et les femmes qui m'entourent – ou que l'on parle simplement, je me fie à la voix. Je passe chacun de mes interlocuteurs à mon scan vocal intégré. J'écoute. Le timbre, la puissance, les angles ou la rondeur. La douceur, la timidité, voire la fragilité, ce qu'il reste d'enfance, le débit lent ou rapide, continu ou saccadé, l'instant de la respiration. Tout le cheminement d'un être, ses écorchures, ses peines. L'excès d'assurance dans lequel j'entends un manque, la fausse pudeur. Puis j'avise. Je ne peux m'empêcher de me méfier d'une voix qui me déplaît, qu'elle sonne de façon mélodieuse ou non n'y change rien. Je fais confiance à ce que j'entends et ressens davantage qu'à ce que je vois.

J'en connais tant qui se fient simplement au corps qui se présente à leurs yeux, et qui se trompent. J'en connais tant qui me jugent mal, la faute à mes courbes, à la finesse relative de mes lèvres, à l'acuité de mon regard brun. Longtemps, j'aurais aimé pouvoir dire que je n'étais pas, dedans, celle que je paraissais dehors. Que mon âme s'était trompée d'enveloppe, qu'elle s'était logée là par hasard et par mégarde, parce qu'aucune autre enveloppe, à l'instant précis où je suis venue au monde, n'était disponible. Qu'il y avait eu maldonne, une injustice criante, terrible, et qu'il était plus injuste encore qu'on refuse de la reconnaître, cette erreur dont je n'étais pas responsable ! Longtemps je me suis vue comme un oiseau sur la branche. Je ne craignais pas qu'elle ploie sous moi, je me sentais tellement légère, en dedans. Il me semblait que ma voix disait mieux que mon corps qui j'étais : une personne sensible, qui avance à petits pas, sans forcer. Je n'ai jamais compris que l'on me voie autrement que comme ça. Et ce n'est pas fini, quel que soit le nombre de kilos dont je me déleste, il en est, il en restera, qui me verront lourde et encombrante.

C'est grâce à ma voix qu'enfant on a cessé de ne voir en moi qu'un corps gras. Maligne, j'occupais encore plus d'espace par les notes que je produisais qu'en me déplaçant ici et là. Et cela était valable à l'école aussi. Au lycée de la Retraite du Sacré-Cœur où je suis allée à partir de la troisième primaire (l'équivalent du CE2 en France, c'est-à-dire vers l'âge de huit ans), dans une classe qui n'était pas encore mixte, et jusqu'à ce que je quitte le milieu scolaire, à seize ans, j'ai essuyé les quolibets de pestes qui se disaient pourtant aussi mes amies et que je prenais comme telles, faute de mieux. Elles m'acceptaient dans leur cercle, je l'ai compris plus tard, d'abord parce que je ne leur faisais pas d'ombre : l'uniforme jupe plissée, chaussettes et col rond bleu marine et blanc ne mettait pas Bouboule en valeur. Ensuite parce que je savais être drôle – l'humour est une faculté que développent souvent les enfants différents, dès leur plus jeune âge. Enfin parce que j'avais quelque chose qu'elles n'avaient pas et qui titillait leur intérêt : le chant.

Si je jouais mal du violon, j'étais capable, avec ma voix, de créer une harmonie susceptible de séduire l'auditeur. Je me débrouillais au piano et même à la guitare dont j'ai appris à jouer toute seule comme bien des adolescents, un instrument que j'ai vite décidé d'emporter partout avec moi. Les sœurs, ayant je pense compris le peu d'intérêt que je portais aux études – mes résultats dans les matières littéraires restaient satisfaisants, mais je faisais un véritable blocage avec les maths –, me laissaient jouer. Assise dans un coin de la cour, ma guitare dans les mains, je n'étais plus la fille au physique ingrat, encombrée de kilos au point de chercher à se fondre dans le décor, au contraire : je chantais, appelant ainsi les autres non seulement à m'écouter, mais aussi à me regarder. Sur l'apparence, j'en faisais des tonnes, maquillant mes yeux à outrance, éparpillant mes cheveux en tous sens, comme si un pétard m'avait explosé sur la tête le matin. Je cherchais à définir mon style, à affirmer ma singularité et mon indépendance, je n'étais pas toujours bien comprise : je me souviens de sœur Guylaine me convoquant dans son bureau pour un sermon qui m'avait laissée sans voix, pour une fois.

– Mais qu'est-ce que vous voulez faire de votre vie ? m'avait-elle demandé avec mépris.

Elle n'attendait pas de réponse, je ne pris pas la peine de lui en fournir une.

– Vous voulez peut-être faire… chanteuse de cabaret !

Le mot lui avait écorché la bouche. Il était synonyme, pour elle, de ce que l'espèce humaine peut produire de plus vicieux : les prostituées. Elle n'envisageait pas d'autre avenir pour moi, le trottoir. Je travaillais déjà dans la rue, en effet, les mercredis et les week-ends, affublée de mes courbes généreuses et la coiffure visible de loin, comme un gyrophare, et je ne demandais qu'à y retourner, mais certainement pas en tant que travailleuse du sexe ! D'ailleurs, même si « la chose » excitait ma curiosité, je ne me voyais pas du tout comme une femme : mes seins, mes fesses rondes s'inscrivaient alors dans ce poids en trop que je portais depuis si longtemps, en fait depuis toujours ; ils concouraient simplement à me rendre physiquement présente, voire incontournable. Grâce à eux – à cause d'eux ? –, mon corps occupait tant de place que ma grand-mère se permettait encore de m'appeler Bouboule, ce qui n'était rien comparé aux réflexions de son mari, prononcées d'un air dégoûté, comme si j'avais été la chose la plus laide qu'il lui eût été donné de voir dans sa vie :

– Tu as les seins qui tooombent !

« Qu'il est difficile d'aimer », chantait le poète québécois Gilles Vigneault. Mais qu'il est difficile de s'aimer lorsqu'on entend des choses pareilles de la bouche même de ceux qu'on aime le plus ! Je ne me souviens pas d'une seule personne, au cours de mon enfance puis de mon adolescence, qui m'ait affirmé que j'étais belle telle que j'étais. Ma mère, peut-être, mon père, à l'occasion : ils ne l'ont sans doute pas dit assez fort pour que je l'entende. J'étais tellement persuadée du contraire : il aurait fallu qu'ils le crient, qu'ils le taguent sur les murs, qu'ils le fassent publier en gros caractères et en pleine page dans les journaux, et encore, je ne suis même pas sûre que cela aurait suffi à me convaincre. Le surnom dont m'affublait ma grand-mère, avec une méchanceté inconsciente mais réelle, démolissait le peu d'assurance que j'avais.

J'ai compris, très tôt, que chacun de nous est pluriel. Que mon corps était relativement lourd, en effet, mais léger mon cœur. Que ce corps n'était pas fait pour prendre place dans un rang de ballerines, toutes pareillement sylphides, et incarner avec elles la grâce démultipliée. Mais qu'il était capable de marquer un rythme et qu'il pouvait, par des mouvements de danse plus ancrés dans le sol, accompagner une musique porteuse de colère ou de joie. Qu'il exprimait des émotions, qu'il était aussi fait pour les caresses, le plaisir, la sensualité, et qu'il n'y avait rien de mal à ça. J'ai compris qu'il y avait plusieurs Claudine en moi, je ne distinguais pas encore bien lesquelles.

Aujourd'hui encore, un rêve me poursuit. J'ai dû le faire pour la première fois il y a plus de vingt ans, et il n'a cessé de revenir depuis. Je vois la mer, une étendue d'eau, assez calme, et sur les côtés des falaises comme il y en a dans la baie d'Along, au Viêt Nam. Au milieu, sortant des profondeurs, un rocher se dresse. Je m'approche, ou plutôt, mon regard zoome sur ce gros caillou. Dans ses bosses, ses creux, ses zones d'ombre, ses zones claires, je distingue les contours d'un visage, celui d'une personne que je connais. Je ne saurais dire de qui il s'agit dans ma vie réelle, mais dans le rêve, il s'agit bien de quelqu'un que je suis non seulement capable d'identifier, mais dont je connais aussi la personnalité, les qualités, les défauts. Je contourne le rocher. Et j'éprouve un immense malaise en constatant que vu de l'autre côté, ce visage ne me dit plus rien du tout.

Je ne suis pas experte en interprétation des rêves. Je reconnais qu'ils m'envoient des messages, mais je ne suis pas toujours apte à les décrypter. Celui-ci me parle-t-il de moi ? Ou des personnes que j'ai rencontrées peu avant de le faire ? Est-ce une mise en garde contre ceux dont j'aurais intérêt à me méfier, alors que j'ai tendance à tout livrer de moi sans retenue ? Ou m'encourage-t-il simplement à découvrir qui je suis vraiment, derrière les rondeurs ? Au cœur de ces rondeurs avec lesquelles je ne m'entends toujours pas…

Mon corps constitue, et restera jusqu'à la fin de mes jours, mon combat. Je perds vingt kilos, je les reprends, j'en perds à nouveau autant et parfois plus. Je me sens mieux. Je bouge plus facilement, je ne suis plus essoufflée, et dans le miroir, vêtue de cette petite robe noire aussi ajustée à mes courbes que les jupes crayons de ma mère autrefois, je me trouve presque pas mal. Il y a quelques années, j'ai subi une opération : un peu moins de seins, un peu moins de ventre. Le résultat ne m'a pas transformée profondément, je suis restée la même, en un peu mieux. Je ne suis pas certaine que le public, lui, soit sensible à mes variations de poids. J'ai la chance qu'il se rende à chaque invitation que je lui tends sans méfiance vis-à-vis de mon tour de taille du moment. Il est envers moi d'une indulgence que j'aspire à éprouver envers moi-même.

Avec le temps, les régimes qui font mal, ceux qui m'aident à me sentir mieux et plus belle sans trop souffrir, avec le temps et grâce à la fidélité des miens, j'ai appris à me pardonner, à m'aimer, à me faire du bien. À m'arranger et à me respecter. En tout cas j'y parviens sur des périodes de plus en plus longues. Mais parfois, je craque. Je dévore du sucre et du gras. Des pâtisseries, des alcools, des plats en sauce, j'ajoute une cuillerée de mayonnaise sur mon steak, je trempe mes frites dans la béarnaise. J'éprouve alors un sentiment confus, mélange de culpabilité et de soulagement. D'acceptation. Un peu comme si, en ces moments de fringale incontrôlés, je pardonnais à la fois à ma grand-mère, à ma mère, et à moi-même. Ainsi, je pardonne à Manet son amour souvent mal exprimé. Je pardonne à ma mère de n'avoir pas vu, pas regardé, pas compris qui j'étais. Reste à déterminer ce que je pardonne à moi-même. Mon corps, peut-être, mon corps que je ne parviens pas à aimer juste parce qu'il est excessivement présent. Parce qu'il est trop. Trop là.

TWITTER (moi twitteuse). Outil génial permettant d'envoyer des messages de cent quarante signes au maximum à un maximum de personnes en un minimum de temps. Je l'utilise depuis son invention, ou presque, pour échanger avec les abonnés qui me suivent, ceux que j'appelle mes « tweetpotes », tout ce qui s'inscrit dans mon actualité : les dates de mes concerts à venir, les belles rencontres que je fais grâce à mon métier, mes coups de cœur artistiques, parfois aussi mes coups de gueule, et même mes coups de déprime. Twitter, outil dont l'usage peut se révéler aussi périlleux que celui de la parole. À utiliser avec modération.

MODÉRATION (quèsaco ?). Ne figure pas dans *Le Petit Maurane non illustré,* on l'aura compris…

RÉFLÉCHIR (au sens figuré). Ce verbe signifie « penser mûrement et plus d'une fois à quelque chose », m'assure mon dictionnaire. Dans ma vie, en général, je me prête volontiers à l'exercice. Ma condition d'artiste favorise les moments d'isolement et de calme propices à la réflexion, d'autant que ces moments peuvent durer des semaines... Des mois. Mais alors je ne réfléchis plus. Je trépigne, je m'agite, je twitte. Ainsi, comme aurait pu l'écrire un certain philosophe : « Je twitte, donc je suis. »[1]

ASSUMER (si proche de « assurer »...). Accepter les conséquences de ses actes, quels qu'ils soient, réfléchis ou spontanés, commis dans l'intention de nuire ou par mégarde. Comme tout le monde, j'ai certainement bien des défauts, mais la méchanceté et la lâcheté n'ont jamais compté parmi eux. Aussi n'ai-je jamais blessé intentionnellement. Aussi ai-je toujours tenté de réparer le tort que j'ai causé aux autres. Avec moi, on peut être assuré que je vais assumer.

1. Bien sûr, René Descartes n'a pas eu l'occasion de partager sa pensée via Twitter. Il l'exprima plutôt ainsi, en 1637, dans son *Discours de la méthode* : « Je pense donc je suis. »

– 13 –

Octobre, novembre 2014 : en même temps que ce livre, un album se prépare, et ce n'est pas pour rien que l'un des titres phares de ce nouveau disque s'intitule comme ce témoignage au long cours. *Trop forte.* Je ne sais pas pour quel support la formule est arrivée la première. Dans la tête de mon éditeur qui connaissait mes anciennes chansons et m'avait vue sur le plateau de la *Nouvelle Star* ? Ou dans celle de Pierre-Yves Lebert, l'un de mes paroliers fétiches depuis des années ? Ce n'est pas très important, dans le fond. Que je suis « trop forte », on l'a souvent pensé, même si on ne l'a pas toujours exprimé aussi clairement, par peur de me blesser. En effet, mon côté « forte », quand il n'est pas précédé par l'adverbe « trop », constitue un sujet délicat pour moi. Je prends facilement la mouche, je me vexe. Dans mon cœur, sous la carapace, j'ai mal, profondément, je me sens atteinte, blessée, je saigne. À l'intérieur, je ne suis pas « trop forte ».

Les professionnels de la musique qui travaillent à mes côtés le savent : d'ailleurs, Pierre-Yves Lebert et le compositeur et chanteur Daran n'osaient pas me proposer ce titre. C'est le directeur artistique de l'album, Bertrand Lamblot, qui s'en est chargé, et je l'en remercie. Ce texte m'a explosé au visage lorsque je l'ai lu pour la première fois. J'ai bien compris qu'il s'agissait de kilos, de régimes, de la difficulté de s'accepter tel que l'on est, plus ceci, moins cela, en tout cas hors des normes de la beauté qu'on nous bombarde à longueur de spots publicitaires et d'affiches en quatre par trois. Mais j'ai compris qu'il s'agit aussi de discrimination, des différences avec lesquelles nous sommes tous bien obligés de composer, quelles qu'elles soient : le tour de taille, la couleur de la peau, les handicaps de toute sorte, légers, moins légers, l'inaptitude à trouver sa place dans la société, mais également les douleurs intimes qui nous lestent et nous entravent, qui nous empêchent de progresser aussi vite qu'on le voudrait, qui nous privent d'aimer, d'être aimés, d'éprouver un sentiment de paix intérieure durable. Le repos.

Combien sommes-nous, sur cette Terre, à pouvoir dire comme dans la chanson : « Je suis trop fort(e) d'être arrivé(e) jusqu'ici » ? Des millions. Et parmi ces millions, je connais une personne qui peut s'en vanter parce qu'elle a fait de sa taille hors la norme le support de sa réussite. Je parle de Valérie, la créatrice du blog de mode et de beauté nommé *Blog to be alive.*

J'ai blessé cette jeune femme sur un coup de colère, un coup de sang, alors que je ne la connaissais pas. Alors que, de toute façon, elle ne méritait pas ma réaction excessive. Pas « trop forte », Maurane, ce jour-là. Trop à cran, trop spontanée, un peu trop bête aussi, je le reconnais… Voilà ce qui s'est passé en 2013, tandis que je participais à la campagne publicitaire belge pour la marque Weight Watchers. Un an auparavant, j'avais tourné un petit clip dans lequel je m'étais sentie très à l'aise parce que son scénario, axé sur le partage et l'acceptation de soi, me semblait très positif. Je faisais la surprise à une jeune femme qui était parvenue à perdre beaucoup de poids grâce au programme – et grâce à ses efforts – de l'emmener à Paris afin de s'y constituer une garde-robe adaptée à sa nouvelle silhouette. Le tournage s'était très bien passé, notamment grâce à Reginald Van Vliet, le directeur marketing de la campagne avec qui je m'entendais bien, tout simplement : nous étions sus la même longueur d'ondes, nous nous comprenions.

Un an plus tard, deuxième campagne, cette fois avec une autre équipe, mais surtout un autre scénario… qui me ressemblait beaucoup moins. Sur ce point, hélas, je n'avais rien à dire, et je ne regrettais pas mon engagement auprès de la marque de toute façon : elle vend un programme que tout le monde peut suivre parce qu'il n'est pas agressif pour la santé et qu'il a prouvé son efficacité sur des millions de personnes, dont moi. Me voici donc en studio, dans une jolie robe rouge ajustée à mes formes, j'apparais sur un fond blanc et je fais mon petit discours… Un discours auquel j'adhère totalement, encore une fois, puisqu'il s'agit de dire comme je me sens mieux, et c'est vrai ! Seulement on me demande de bouger d'une façon qui ne me ressemble pas. Je lève une jambe en l'air comme si je sautais par-dessus une flaque imaginaire – sur des talons de huit centimètres, c'est commode –, je lève les bras comme une gamine – youpi ! –, je serre gaiement les poings comme si je venais d'aligner deux strikes au bowling… J'ai joué le jeu, cependant, motivée… En visionnant les images ensuite, j'ai regretté de ne pas être intervenue de façon plus autoritaire sur ce qu'on me faisait faire : il ne s'agissait quand même pas seulement de la marque, mais aussi de moi, après tout, or je paraissais ridicule.

Si j'ai de l'humour, et je pense en avoir, si je suis capable d'autodérision, et je crois que c'est le cas, le spectateur ne pouvait pas le percevoir dans ce film qui aurait pu être tourné par n'importe quelle comédienne. Le verdict de ma fille Lou ne fit que renforcer mon impression : « C'est ringard. » J'avais un côté donneuse de leçon, en plus : par mon attitude dans ce clip, je laissais entendre que maigrir était une chose facile. Je sais bien que non ! Qu'au contraire c'est un combat ! Qu'il ne s'agit pas seulement de compter les calories que l'on ingère mais aussi, et surtout, de trouver la force de ne pas avaler, à la moindre émotion négative, quelque aliment gras ou sucré qui nous console. Les personnes qui souffrent de ne pas réussir à perdre du poids le savent bien. Leur montrer ma bouille de Lou Ravi – le santon de la crèche, rien à voir avec ma fille – ne peut pas suffire à leur faire croire au miracle : il n'y a pas de miracle en matière de régime.

Dire que le clip a été beaucoup diffusé serait mentir : il a été matraqué. Pendant des jours, des semaines, du matin au soir et du soir au matin, sur toutes les chaînes, pendant toutes les coupures publicitaires, on a pu voir la chanteuse Maurane marteler sa réussite, et cela sonnait trop faux pour être acceptable. Sur Twitter, les messages ont commencé à pleuvoir. Des messages de ras-le-bol. Marre de voir ce spot publicitaire. Marre d'entendre qu'« il suffit de se lancer », que je me « sens bien dans ma peau, prête à monter sur scène », que « ça marche pour de bon, ouais ! ». L'onomatopée, réellement, était de trop. Décidément, les problèmes naissent toujours de tous ces « trop »… Un soir, alors que j'attendais ma mère dans un restaurant, j'ai eu le malheur de regarder mon compte Twitter et j'ai lu le commentaire de trop… Posté par une certaine Valérie, qui ne disait rien de plus agressif que tous ceux qui l'avaient précédée sur les réseaux sociaux, mais qui a pris pour tout le monde.

Je m'en veux. Je l'ai attaquée sur son physique et je l'ai accusée de jalousie. Trop con ! Il n'y a pas d'autre mot. J'ai été la première à souffrir des critiques et des moqueries sur mon poids et sur mon corps ; je l'ai longuement expliqué au cours des pages précédentes de ce livre, je suis bien placée, depuis mes premières années, pour savoir comme il est cruel, de la part des autres, d'appuyer sur ce point tellement sensible. Pourtant j'ai fait la même chose. Valérie a monté un blog de beauté et de mode sur Internet. Elle aide les femmes comme elle, comme nous, qui aimons autant que les filles Coton-Tige la lingerie fine, les jupes au-dessus du genou et les yeux de biche. Je suis pleine de respect envers elle parce qu'elle s'accepte telle qu'elle est, et qu'en plus elle le montre, elle le dit, elle concourt à faire entrer les rondeurs parmi les canons d'une autre beauté qui a droit de cité sur cette planète.

J'ai eu honte. Et cette honte m'a longtemps pesé plus que tous les kilos que j'ai portés en trop tout au long de ma vie. Heureusement, j'ai pu lui présenter mes excuses et elle les a acceptées avec humour, affirmant sentir que j'en avais « gros sur la patate » ! En effet, et je tenais à ce qu'elle sache qu'elle est la première personne à qui j'ai pensé en lisant le texte de Pierre-Yves Lebert : « Je suis trop forte d'être arrivée jusqu'ici. »

EXTRATERRESTRE (même pas peur). Se dit, généralement, de toute créature vivante qui habite sur une autre planète que la Terre, y vaquant à ses petites affaires, le supermarché le samedi, un saut jusqu'au satellite le plus proche pendant les vacances scolaires, lancer de comètes pour les sportifs le dimanche… C'est là que je ne suis pas d'accord : les extraterrestres se sont acclimatés aux hivers rigoureux comme à l'oxygène qui vient à manquer ici bas. Ils vivent parmi nous. Trop malins pour se grimer en vulgaires petits bonshommes verts, ils se dissimulent dans une enveloppe humaine, parfois. J'en connais, je ne les citerai pas pour préserver leur discrétion… Je peux tout de même évoquer l'un d'entre eux : l'écrivain Bernard Werber. Celui-ci a l'audace de vouloir faire croire qu'il est fait comme vous et moi. Balivernes. Son histoire de Thanatonautes[1]

1. *Les Thanatonautes*, de Bernard Werber. Éditions Albin Michel, 1994.

vient d'une autre galaxie que je vous encourage à visiter.

EXTRATERRESTRE (seconde acception). Je crois fermement en l'existence d'une autre forme de créatures : il s'agit d'authentiques Terriens passés de vie à trépas et réincarnés dans une autre enveloppe, ailleurs, où nous ne pouvons les voir, mais d'où ils viennent nous rendre visite, à l'occasion. Pour preuve ces ombres que je perçois, furtivement, hélas trop rarement, alors que je me trouve seule dans une pièce…

Je n'en peux plus de vos silences
Parlons-nous, entrez dans la danse [...]
Voix dans ma tête
Mains dans mon cou encore
Ils jouent
Me tournent autour
Est-ce de l'amour ?
D'la rage ?[1]

Oui, je veux y croire. Non, je ne me soigne pas. Libre à vous de penser que je n'ai pas toutes mes frites dans le même cornet !

P.-S. : Message aux extraterrestres de tout poil, des fois que : je suis votre alliée, sans condition.

---

1. *Jamais seule. Musique de Christophe Mae, Felipe Saldivia, Francis Eg White.* © Léopard and Co/Marti Éditions/Kobalt music group limited foe Spilt Milk MGMT/Earprint.

VANNIER (prénom : Jean-Claude). Bel exemple de créature venue d'ailleurs, forcément. Auteur, compositeur, arrangeur au talent inouï, impossible que cet homme ne soit qu'un modeste Terrien. Personnage surréaliste, il cache son humour décapant et sa grande sensibilité derrière une réserve touchante. Il m'impressionne par sa culture, voire par son érudition dont il ne fait pourtant jamais étalage. Il est ce poète que l'on croise, en plein été, en Avignon, à l'abri d'un large parapluie noir. Lorsque les notes, les mots, ne lui suffisent plus, il est cet homme qui pose de pâles couleurs d'aquarelle sur des toiles. *Sur un prélude de Bach,* c'est Vannier. Mais aussi *Molly ô, La chanson de la pluie, Ami ou ennemi, Juste une petite fille, Fais-moi l'homme, Le Jardin de mes soucis.* Il est l'un de ces extraterrestres discrets qui ne font, à mon sens, jamais assez de bruit.

BUZZ (comme l'éclair). Vacarme inutile et sans fondement. Chahut médiatique créé par quelque agité généralement tout content de faire parler de lui. Le mot trouve son origine dans le vocable anglais signifiant bourdonnement, ou brouhaha, lui-même créé d'après le son que produisent les abeilles en battant des ailes. Le buzz résonne souvent comme une musique peu harmonieuse à mes oreilles. Heureusement, même s'il laisse parfois des traces, il ne dure jamais bien longtemps.

EXPLORATEUR **(féminin : exploratrice).** Celui (ou celle) qui se rend dans quelque contrée vierge où il observera la faune et la flore avant d'en rendre compte à ses contemporains. Moi, j'explore les extraterrestres à travers l'écran de mon téléviseur. Le plus fort, c'est qu'on appelle ces programmes de la téléréalité.

Réalité : caractère de ce qui est réel, palpable, avéré. Je vous avais bien dit que les extraterrestres existaient !

– 14 –

Il y a des jours où baliser la route qui mène jusqu'à moi éviterait à mes visiteurs quelques déboires. Il faudrait d'abord y placer des panneaux indicateurs, carrés, fond bleu. Les informations qu'ils contiendraient seraient les plus simples : Maurane, ou Claudine Luypaerts, chanteuse. Ne mord pas (normalement). Mais il faudrait surtout parsemer cette route de panneaux d'avertissement, triangulaires, fond rouge. Tous diraient plus ou moins : attention danger. Personne sensible. Gaffeuse. Entière. Râleuse. Paradoxale. Attention, personnage explosif, et ce mot-là serait illustré par un énorme bâton de dynamite, la mèche déjà enflammée, prêt à faire boum. Venir jusqu'à moi derrière le bouclier des réseaux sociaux ne protège pas de mes coups d'éclat, au contraire. L'ennui, c'est que les mots que j'envoie ricochent sur l'armure de mon assaillant et me reviennent plus forts, en pleine figure. Parfois, j'en suis anéantie. D'autres fois, je me marre.

J'ai fait parler de moi plusieurs fois à cause des réseaux sociaux. Ou plutôt à cause de mon utilisation des réseaux sociaux, j'assume ! Il y a eu l'épisode que j'ai relaté plus tôt dans ce livre, mais il y avait eu un précédent, début 2011, qui n'avait pas manqué de faire réagir les sites d'information people, forcément : j'avais utilisé un vocabulaire assez fleuri pour faire le buzz, comme ils disent… Quand j'y repense, je ne peux pas m'en empêcher, j'en ris encore.

Une nuit d'ennui profond, une nuit d'insomnie, une nuit seule dans mon lit-bateau, après que j'avais regardé les vingt-sept épisodes des huit saisons des douze séries auxquelles j'étais accro à ce moment-là, après que j'avais lu et appris par cœur les quatorze pavés de littérature qui traînaient sur ma table de chevet depuis des mois, j'étais descendue dans mon salon et j'avais allumé la télévision. D'une chaîne à l'autre, j'avais zappé comme on baguenaude sur les chemins au printemps, puis j'avais fini par me perdre comme on erre dans les rues lorsqu'on ne croit plus en l'amour ni en l'homme ni en rien. J'avais échoué sur une chaîne du câble face à la rediffusion d'un programme de téléréalité d'une vacuité absolue. Les yeux hagards, la mâchoire sur la poitrine, j'avais été ébahie par un jeune homme véritablement extraordinaire. Pétri de certitudes. Une pastèque à la place de la cervelle. Une espèce d'extraterrestre que même Bernard Werber n'aurait pu imaginer. Il s'appelait quelque chose comme… Kilamé Tas-de-Vent[1]. Je ne m'en suis toujours pas remise.

Ce garçon disait : « Mon problème, c'est que j'ai dix ans d'avance sur les Américains. » Mais aussi : « Christophe Colomb a mis des mois pour venir aux États-Unis, moi j'ai mis huit heures. » Ou encore : « Tu connais la guerre du buzz ? C'est une technique pour se faire remarquer. » Il avait tout compris, le garçon ! Il s'essayait aussi parfois à l'anglais, qu'il parlait d'ailleurs comme un dromadaire kazakh. Sur mon canapé, j'étais partagée entre la consternation et le fou rire. Hélas, c'est la première réaction qui l'a emporté, me guidant encore plus profond dans les abysses du désespoir face à ce que le genre humain sait produire de connerie, il n'y a pas d'autre mot. Alors j'ai sorti mon téléphone portable de la poche de mon pyjama et j'ai twitté : « On peut difficilement faire plus con, plus imbu de sa personne et surtout plus inutile que [Kilamé Tas-de-Vent] # beaugosseattitude # moncul. »

Lui n'a pas réagi tout de suite. Comme tout « winner » qui se respecte (il se définit comme le winner de tous les winners de tous les temps,

1. Libre à chacun de chercher à remettre de l'ordre dans ce patronyme, écrire son nom ici serait lui faire trop d'honneur, je ne peux m'y résoudre.

j'admets qu'à sa façon, il en est un en effet), il ne s'abaisse pas à lire ce que disent de lui sur les réseaux sociaux les malheureuses insomniaques belges condamnées à regarder ses exploits depuis leur misérable masure (il logeait dans un appartement new-yorkais aux proportions à la démesure de son ego). Ses fans, en revanche, sont aux aguets.

Première leçon de l'histoire : un garçon comme Kilamé Tas-de-Vent est susceptible de provoquer chez les gens autre chose que le rire ou la consternation : l'admiration. Oui, rien que ça (pour la définition que j'en donne, voir plus loin). J'admire quant à moi les êtres humains généreux qui aident les plus malheureux qu'eux, comme cette forêt d'anonymes qui distribuent des repas tout l'hiver durant au sein des Restos du Cœur, par exemple. Moi qui réponds favorablement – aussi souvent que possible – aux sollicitations des associations caritatives, je constate que je ne fais jamais pour elles autant que les bénévoles. J'admire les grands scientifiques comme Hubert Reeves ou Albert Jacquard, ou les défenseurs de la nature comme Haroun Tazieff ou le commandant Cousteau. J'admire celles et ceux qui œuvrent au profit de l'humanité en général, et l'Église a permis à certains d'entre eux de porter haut leurs valeurs – je pense à l'abbé Pierre ou à sœur Emmanuelle, notamment. J'admire certains artistes qui rendent la vie plus belle, plus claire, et leurs spectateurs plus intelligents. Mais éprouver de l'admiration pour un jeune homme dont le seul fait d'armes consiste à bomber le torse et à se vanter de sa supériorité face à des caméras, je n'y suis pas encore parvenue.

Deuxième leçon, à confirmer éventuellement, car je ne peux établir de vérité universelle à partir d'un seul cas avéré : les fans de monsieur Tas-de-Vent ne voient pas clair. En effet, que m'a répondu vertement l'un d'eux ? Voici quoi (je corrige les fautes d'orthographe, qu'il me pardonne) : « Mais ferme-la grosse vache, tu ne vaux plus rien. » Or à cette époque mon anatomie, si elle ne s'approchait certes pas de celle du héron cendré, ne rappelait pas non plus celle d'un ruminant producteur de lait. Aussi, comme le bovin chasse la mouche d'un coup de queue bien envoyé, ai-je balancé ma plus belle formule afin de faire taire l'impudent admirateur du prétendu beau gosse. Après avoir fait l'apologie de la responsabilité quelques pages plus tôt, je me dois de reproduire ici la formule que j'ai twittée aussitôt : « La grosse vache t'encule à sec avec du papier de verre, du Tabasco et un filet de citron. »

Dès le lendemain, je fus ensevelie sous un déluge de commentaires. Sur le fond, on ne me donnait pas toujours tort. Sur le vocabulaire que j'avais employé pour exprimer ma pensée profonde, en revanche… Troisième et dernière leçon de l'histoire : la reine du buzz, la seule véritable winneuse en la matière, c'est moi. Kilamé Tas-de-Vent, tiens-le-toi pour dit, et rions-en ensemble !

Il a fini par s'intéresser au microbuzz que j'avais créé malgré moi en minimisant sinon l'affaire, au moins ma (déjà petite) personne. « C'est qui Maurane ? Ah, oui, la chanteuse de Super U ! » a-t-il twitté gaiement. N'empêche que l'émission de téléréalité à laquelle il a participé a fait un flop. Les téléspectateurs s'étaient déjà lassés du programme, et peut-être même de lui, de son personnage fabriqué sur du vide, je le maintiens. Pourquoi ce jeune homme cherchait-il à se faire remarquer ? J'imagine qu'il n'avait pas eu la chance de trouver sa voie, le domaine dans lequel il était susceptible de s'épanouir professionnellement.

Mue par une curiosité qui n'avait rien de malsain, j'ai essayé d'en apprendre un peu plus sur lui en cherchant sur Internet : j'ai lu qu'il avait travaillé comme commercial dans l'immobilier avant de créer un blog sur lequel il mettait en avant un concept de « bogossitude ». Ainsi, il est parvenu à ses fins, un temps au moins : il est devenu lui-même un produit commercial, il s'est vendu. Ne voulait-il vraiment que cela ? Ne valait-il que cela ? Et qu'est-il devenu ? Un DJ qui anime les soirées dans les boîtes de nuit. Sieur Tas-de-Vent n'apparaît plus dans la lumière. Il n'a conquis ni l'Amérique ni la France. J'espère sincèrement qu'il ne s'est pas perdu lui-même dans sa quête de gloire et de reconnaissance. Au cours de ma carrière, j'ai vu tant de personnes qui cherchaient désespérément à figurer sous les feux des projecteurs, comme si c'était une fin en soi. Lara Fabian a trouvé une jolie formule pour désigner ces gens qui se servent de nous, artistes plus ou moins connus, dans le but de se faire connaître à leur tour : elle dit qu'ils « clignotent autour de nous ». Nous les voyons, en effet, sur les photos, dans notre sillage lorsque nous sortons des salles de concert, ils font en sorte de se rendre indispensables, et ils n'hésitent pas à nous planter un poignard dans le dos lorsqu'ils ne trouvent plus grand intérêt à nous côtoyer. Pour en rire – parce que mieux vaut en rire –, j'ai écrit une chanson sur eux, *Rémoras, poissons pilotes*[1], et je suis certaine que plusieurs de mes ex-proches collaborateurs et frustrés en tout genre se sont reconnus :

Rémoras, poissons pilotes
Tous les rats faux-sympas,
Les ventouses qui clignotent
Rémoras, sangsues grignotes
Collent aux culs des plus ultras
Et emberlificotent les gros qui les ballottent…

Les réseaux sociaux constituent un moyen idéal de se faire remarquer par des paroles outrancières,

1. Musique d'Arnould Massart. © Léopard And Co/ Avogadro.

haineuses, déplacées le plus souvent. Les fans qui en font trop dans les démonstrations d'affection se révèlent parfois tout aussi inquiétants que ceux qui agressent. J'ai mis du temps à comprendre cela, et tout autant à réaliser qu'en tant que personne publique, je suis plus exposée aux retours de twits que les anonymes. Maintenant que je le sais, comme une célèbre ex-compagne de président, j'essaierai de tourner plusieurs fois mon pouce sur mon clavier avant de twitter. D'ailleurs, si c'était à refaire, j'enlèverais le filet de citron.

NARCISSISME (concept inquiétant). Propension à porter plus d'attention à soi-même qu'à quiconque. Chercher son image dans les miroirs, être content de s'y voir, s'y trouver beau et juger qu'il s'agit là du reflet de son âme. Alors que j'étais, en toute objectivité, une ravissante fillette, je devins une adolescente assez disgracieuse. Depuis lors, je considère que c'est à ma voix que je ressemble, plus qu'à mon visage et à mon corps. J'ai le narcissisme oral, en somme, quoique je n'écoute pas mes propres disques. De mes cordes vocales, je fais quelque chose que je partage. Je ne suis pas certaine que j'y serais parvenue si j'avais été belle et consciente de l'être.

VOCATION (innée). Désir incompressible de s'accomplir dans un domaine qui nous a choisi, plus que le contraire. Vocation star n'existe pas, vocation chanteur, en revanche, c'est certain.

– 15 –

Enfermez des représentants des deux sexes dans un lieu clos. Soumettez-les à la lumière des projecteurs et au regard de caméras branchées en permanence, pendant des semaines. Imposez-leur la présence de personnes fortes en caractère – ou en bêtise profonde –, chatouillez leur orgueil, titillez leur susceptibilité, persuadez-les que leur popularité, leur réussite, leur vie, dépend de leur capacité à réaliser quelque défi ridicule. Soignez votre casting. Ne choisissez que des hommes et des femmes jeunes – donc encore relativement influençables –, narcissiques à souhait, ne misant sur rien d'autre que leur apparence pour parvenir à leurs fins, lesquelles sont démesurées en termes de notoriété et d'argent, les deux notions s'imbriquant étroitement dans leur cervelle creuse. Testez leur capacité à prononcer grossièretés et âneries en tout genre et à tout moment. Vérifiez qu'ils manquent de discernement sur leurs capacités intellectuelles : s'ils pensent se situer dans la moyenne, voire au-dessus, ils feront l'affaire. Chez les garçons comme chez les filles, cherchez la perle rare atteinte de nymphomanie doublée d'une absence totale de pudeur. S'ils se trouvent irrésistibles sur le plan physique, ils dévoileront plus volontiers leur anatomie – pic d'audience en vue, passage au *Zapping* de Canal+ assuré. Écartez tout candidat pourvu de qualités et de valeurs saines et positives comme la tolérance, l'empathie, la patience, le doute. Privilégiez au contraire l'agressivité, voire le mépris, l'expression d'une assurance forcenée. Mélangez le tout dans un décor aux couleurs primaires, encouragez-les à faire du bruit par-dessus le bruit d'une musique tapageuse, privez-les d'air pur et du moindre brin de nature. Vous obtiendrez tous les ingrédients d'une émission de téléréalité qui fait rire les adolescents, navre leurs parents, réjouit les annonceurs : un groupe de sinistres extraterrestres complètement déconnectés de la réalité et capables de provoquer buzz sur buzz.

Ici commence mon quart d'heure de vieille chouette de cinquante-quatre ans.

Lorsque j'étais jeune – il n'y a pas si longtemps ! – la télévision proposait des divertissements dans lesquels les participants, qu'ils soient comédiens, musiciens, chanteurs ou anonymes, conservaient leur dignité (sauf dans *Intervilles*, peut-être, et encore, le jeu était bon enfant). Les émissions culturelles permettaient à des artistes reconnus de proposer leur tube du moment, et aux débutants de montrer l'étendue de leur talent. Un virtuose du piano pouvait partager un plateau avec un humoriste sans que la moitié des téléspectateurs zappent dans l'instant. En résumé, chaque invité avait une raison valable de se trouver là. Il n'était pas question de devenir quelqu'un en écrasant l'autre : il se trouve qu'il était déjà quelqu'un, et qu'il était là pour cette raison-là.

Les émissions de téléréalité me révoltent. Rares sont celles qui trouvent grâce à mes yeux. La *Star Academy* me plaisait bien – tous ces jeunes qui voulaient apprendre les ficelles du métier de chanteur étaient touchants – mais je n'aimais pas la manipulation de leur personnalité qu'induisaient forcément l'enfermement et les caméras branchées sur eux vingt-quatre heures sur vingt-quatre. La scénarisation de leurs bluettes adolescentes me dérangeait : je ne suis pas sûre que les participants étaient assez matures pour réaliser de quelle façon ils étaient instrumentalisés, encouragés à se donner en spectacle sur le plan personnel.

À quinze, vingt ans, lorsque l'on aime chanter, il est légitime de vouloir en faire son métier. Et pourquoi pas se donner une chance d'intégrer le milieu très vite, puisque la possibilité en est offerte par ce genre d'émission ? Mais à quinze, vingt ans, on a le cœur tendre encore, et les émois que l'on éprouve alors ne regardent pas le public.

Les premières années de la *Star Ac'*, les candidats n'avaient pas l'expérience de la téléréalité parce qu'ils n'avaient pas encore été témoins, en tant que téléspectateurs, des ravages qu'elle pouvait causer en termes d'image. Beaucoup se sont fait piéger, ont quitté le jeu avec la sensation d'avoir été utilisés, trahis. Ils l'ont été en effet : ils s'étaient jetés à cœur et à corps perdus dans « l'aventure », comme ils disent, et les producteurs ont joué avec eux comme avec des marionnettes. Je n'aurais jamais apporté ma caution à ce type de programme.

En revanche, lorsque la chaîne M6 a lancé *À la recherche de la nouvelle star,* en 2003, j'ai adhéré immédiatement. Il s'agissait d'un concours de chant difficile, mais humain, porté par des professionnels du métier bienveillants avant tout. Marianne James se montrait passionnée, franche, honnête avec ses émotions, elle ne trichait pas. André Manoukian aimait tomber amoureux des candidats et à l'évidence il avait le goût de la découverte – il l'a toujours gardé. Lio m'a agréablement surprise lorsqu'elle est arrivée sur l'émission : elle a sa culture musicale et elle savait faire passer les messages. Sinclair a aussi trouvé sa place assez naturellement parmi les jurés, il connaît le métier, c'est un musicien dans l'âme. Je le regardais distribuer des cartons rouges à tout-va, je le trouvais parfois sévère, en tout cas très cash dans sa façon d'exprimer ses refus : je ne savais pas encore comme il est difficile d'y mettre les formes.

En tant que téléspectatrice, j'ai trouvé injuste qu'Amel Bent échoue, il y a déjà dix ans, mais je me suis remise de ma déception grâce à sa réussite depuis. J'ai vu gagner Christophe Willem avec joie en 2006, j'ai fini par être convaincue par le vainqueur suivant, Julien Doré, et même par Soan que je n'appréciais pas du tout sur le plateau en 2009. Certains ont remporté le jeu et n'ont rien fait ensuite, d'autres n'étaient pas allés très loin mais ils sont parvenus à poursuivre leur chemin dans la chanson, à l'écart de la télévision. Ils ont continué à travailler, jugeant, avec intelligence, que leur carrière n'avait pas encore commencé et qu'elle ne s'arrêtait donc pas parce que les téléspectateurs l'avaient décidé.

Après deux ans d'interruption, au prétexte que les audiences avaient baissé, l'émission a repris sur D8, une chaîne diffusée par la TNT, moins exposée que la Six. Cela ne m'a pas gênée : lorsque la productrice de l'émission, Marie Genest, m'a invitée à faire partie du jury, j'ai accepté sans hésiter. J'ai retrouvé André Manoukian, que j'avais croisé bien des années plus tôt lorsqu'il était en couple avec Liane Foly, et j'ai fait la connaissance, en vrai, de Sinclair. Ils m'ont accueillie dans l'équipe, sympathiques mais professionnels avant tout : aussitôt les castings terminés, ils filaient retrouver leur vie, et rendez-vous la semaine prochaine. J'imagine qu'ils avaient déjà enchaîné assez de saisons de l'émission, leur motivation s'était peut-être un peu émoussée avec le temps. Ou bien c'est moi qui ai pris les choses trop à cœur ! En tout cas, avec Olivier Bas, directeur artistique et quatrième juré, je me suis souvent attardée auprès des candidats pour continuer de les conseiller et de les encourager. Hors caméras. Encore une fois, le respect de la vie privée des participants constitue pour moi une condition sine qua non de la téléréalité acceptable. Avoir des échanges sans témoins avec certains d'entre eux m'a aussi permis de les connaître mieux ; lorsque je les ai défendus, bec et ongles, je savais pourquoi.

Sophie-Tith n'avait que seize ans lorsqu'elle s'est présentée, en 2013. Elle nous a tous estomaqués par ses qualités techniques et par sa maturité. Je lui ai demandé, lors d'un prime, combien de vies elle avait déjà vécues. Je ne sais pas s'il faut croire à la réincarnation, aux âmes qui traversent les siècles et s'enrichissent d'expériences nouvelles à chacun de leurs passages sur terre, mais Sophie-Tith donne envie d'adhérer au concept. Dès sa première audition, elle nous a embarqués dans son monde, nous étions comme hypnotisés. Elle a gagné le jeu, évidemment, et je la tanne depuis pour qu'elle continue dans la chanson : preuve qu'elle n'était pas seulement attirée par la lumière des projecteurs, elle hésite ! Bien sûr, elle a sorti un album, puis deux, dans le prolongement du jeu, mais elle ne les défend pas assez. Elle est retournée au lycée et envisage de poursuivre des études. C'est un choix respectable, bien entendu, mais je pense – égoïstement ! – qu'il est dommage de priver le public d'un tel talent. La chanson est un métier qui demande un engagement total. Il faut s'y coller tous les jours, ou presque, un peu comme un sportif : interdiction de décrocher trop longtemps ! D'abord parce que la reprise peut sembler trop difficile, ensuite parce que le public nous oublie vite. Si Sophie-Tith hésite encore trop longtemps, il n'est pas certain qu'elle puisse s'imposer aussi facilement.

Pour ma deuxième participation à la *Nouvelle Star*, la vie m'a fait un cadeau merveilleux. Elle m'a envoyé Yseult. Cette jeune femme de seulement dix-neuf ans a déboulé comme un ouragan sur les auditions à Paris. Elle nous a balancé toute sa force à la figure, mais avec une telle sensibilité ! Je l'ai trouvée, je le lui ai dit aussitôt, « joliment perchée ». Dès les premières notes, mes camarades jurés et moi avons compris que ce serait oui, une galaxie de oui, nous voulions l'entendre à nouveau pendant les épreuves du théâtre, et pourquoi pas tout de suite… Normalement, on propose aux candidats de chanter un deuxième extrait de chanson lorsqu'on a un doute, nous n'en avions aucun pour Yseult. Mais nous en voulions plus, déjà. Elle a pris sa guitare et nous a montré de quoi elle était capable sur un titre qui demandait davantage de puissance que le premier. L'admiration que nous avons éprouvée pour elle s'est doublée d'une empathie sincère quand elle nous a expliqué, en larmes, que son père lui interdisait de faire de la musique. En quelques secondes, elle nous a transformés en John Keating : nous ne pouvions qu'endosser le rôle tenu par Robin Williams dans *Le Cercle des poètes disparus,* le film de Peter Weir ! Nous devions l'encourager au contraire à persévérer, puisqu'il était évident qu'elle respirait tellement mieux quand elle chantait. Elle l'a prouvé au fil des émissions, elle a échoué en finale mais elle a quand même enregistré un disque, et je lui ai proposé de partager un duo sur mon dernier album. J'adore Yseult, qui me le rend bien : elle m'appelle Tantine. C'est un surnom qu'elle seule pouvait me donner. Il témoigne de son côté enfantin, mais aussi de sa spontanéité. Voilà ce que j'aime chez cette jeune femme : elle ne joue pas. Elle ne cherche pas à passer pour quelqu'un qu'elle n'est pas. Elle assume sa jeunesse, sa candeur, elle ne se place pas dans le registre de la minauderie. Elle séduit sans le vouloir, elle captive qui veut se laisser captiver et ne demande rien à personne. Yseult veut juste chanter. Évidemment, elle me rappelle quelqu'un…

Autre découverte de la *Nouvelle Star* que je n'ai pas laissée passer : Dana. Autre jeune femme aux talents multiples ! Ostéopathe de profession – combien d'années d'études pour apprendre ce métier ? Beaucoup ! – elle était sur le point de quitter la

Haute-Savoie pour s'installer dans son pays d'origine, le Liban, quand ses amis lui ont conseillé de participer à l'émission. Ils ont eu raison puisqu'elle est allée jusqu'aux huitièmes de finale, et parce qu'il est évident qu'elle peut se faire une place dans ce métier, si elle le veut. Dana n'est pas la plus expansive des candidates, elle avance avec délicatesse, elle charme mais elle ne minaude pas. Et son timbre me touche infiniment. Pendant une période où je lui mettais beaucoup de rouges, à cause de ses choix de chansons qui ne lui convenaient pas, des faussetés dans sa voix, de sa façon d'aborder certains titres qui manquait de sincérité, elle a eu le courage de reprendre *Sur un prélude de Bach*[1]. Encore une fois, sa prestation manquait parfois de justesse, mais Dana a été bouleversante. Après son élimination du jeu, longtemps après, elle m'a téléphoné pour que nous discutions de son avenir et nous nous sommes retrouvées à Paris. Je l'ai jugée intègre : elle n'avait pas participé à la *Nouvelle Star* pour de mauvaises raisons, c'est-à-dire pas pour devenir une star, justement, mais pour chanter. Alors qu'elle chante, je m'en réjouis, au point que je lui ai proposé – à elle aussi – de partager un duo sur mon dernier album et de venir me rejoindre sur scène autant que possible pendant la tournée qui s'annonce. J'espère qu'ainsi, comme

1. Paroles de Jean-Claude Vannier, musique de Bach. © Leopard and Co/Jean-Claude Vannier.

Yseult, elle grillera quelques étapes pas évidentes dans une carrière, même si ces étapes-là, je ne les renie ni ne les regrette quant à moi.

J'ai eu la chance de commencer ma carrière… par le commencement. Je l'ai prise au point zéro, dans la rue, dans les cafés-théâtres, j'ai progressé par étapes, j'ai fait les choses dans l'ordre. Les jeunes qui se lancent à l'heure de la téléréalité ont la chance de trouver un public immédiatement, certes, mais ils courent le risque de s'exposer trop tôt, à un moment où ils ne sont pas prêts techniquement, et surtout pas assez matures. Les dangers sont nombreux. Il y a d'abord celui de prendre la grosse tête, de devenir méprisant et de se griller dans la profession. Il y a aussi celui de ne pas supporter les critiques qui pleuvent, quel que soit son talent. Sur Internet, sur Twitter, par le biais de cet outil merveilleux mais incontrôlable, les jeunes artistes sont confrontés à l'expression de la jalousie et de la méchanceté la plus vile : celles-ci s'expriment d'autant plus facilement que leurs auteurs s'avancent masqués, à l'abri derrière un pseudo, inattaquables. Lâches donc, mais tout-puissants.

Je me souviens de l'époque où je chantais dans les restaurants. Un client monopolisait l'attention de ses convives, il parlait fort, riait aux éclats. Il se comportait comme un roi, ou, pire, comme un empereur de la Rome antique levant le pouce pour signifier que le gladiateur avait emporté le combat, le pointant vers le sol pour le condamner à la mort. De la même façon, ce client semblait dicter à la plèbe qui l'entourait à quel moment il fallait rire ou se taire. Il a jugé que je ne méritais pas qu'il lève son pouce pour moi et par-dessus ma voix, il a fait entendre son jugement :

– Combien pour que tu te taises ? Allez, donne ton prix !

Je me suis sentie humiliée comme jamais ce jour-là. Lorsque Yseult, si sensible, lit des commentaires haineux envers elle sur les réseaux sociaux, elle éprouve, je le sais, la même douleur. Je l'ai déjà dit pour moi-même, j'ai fait mon autocritique en la matière : il faut tourner sept fois son pouce par-dessus son clavier avant de twitter.

L'expérience doit profiter aux autres autant qu'à soi-même. Je ne participe plus à la *Nouvelle Star,* non que j'aie claqué la porte comme cela a été écrit dans la presse et sur les réseaux sociaux, mais parce que la production et moi-même hésitions au même moment, et que j'ai tranché pour nous deux. Mais si je peux me permettre un conseil aux jurés actuels et à venir : soyez sincères. Cherchez les mots qui ne blessent pas, mais dites la vérité. Emportée par la mise en scène du jeu, obligée de faire durer le suspense et de ponctuer les soirées par des phrases chocs, j'ai pu heurter la sensibilité de certains candidats. Était-ce bien utile ? Pas davantage que les twits ravageurs, sans doute, mais au moins le message est-il passé… Trop de diplomatie empêche la clarté du propos, et nuit à l'intérêt de l'émission pour les téléspectateurs, en plus.

Un autre conseil encore, aux artistes débutants cette fois, et ce sera la fin de mon quart d'heure de vieille chouette : ne vous attachez pas trop au nom de l'émission. La *Nouvelle Star* ne fait pas de vous une étoile au firmament de la chanson. Saisissez le sésame qu'elle vous tend, puis travaillez, persévérez. N'oubliez pas de rester humbles, surtout. Le melon ne sied à aucune voix, à aucun visage, et encore moins aux enfants de la chanson.

AMBITION (grand mot). Volonté d'aller loin, haut, de réussir dans son domaine, avec pour conséquence possible la célébrité. L'ambition, moteur efficace pour certains artistes, m'a toujours manqué. Certes je voulais « réussir »... à faire de la chanson mon métier et à séduire le public. Mais je n'ai jamais rêvé de traverser les océans ni de remplir des salles de plusieurs milliers de personnes, encore moins de chanter dans ma langue face à des personnes qui ne la comprennent pas. Quant à faire fortune, je n'ai pas encore compris le concept ! En fait, je n'ai jamais eu qu'une seule ambition : me faire plaisir tout en donnant du plaisir à qui m'écoute... Ah si, je dois en reconnaître une autre, tout de même : me montrer digne des artistes que j'admire et qui m'accordent leur confiance. Ambitieuse ambition...

ADMIRATION (voire adoration). Enthousiasme que l'on éprouve face à une personne, à son travail, à sa façon de se conduire, et parfois face à tout cela à la fois. Peut se traduire par le son « waouh » suivi d'un silence ébahi. Peut faire de vous une personne inapte à communiquer et à se comporter normalement, ou au contraire vous pousser à parler trop. Je suis excessive jusque dans mes admirations. Heureusement, il est arrivé qu'admirer m'aide à avancer.

LOUIS CALAFERTE (poète). Né en 1928, mort en 1994, auteur, entre la vie et la mort, de plusieurs romans, œuvre de poésie en prose et en forme de coups de poing. Il faut lire son *Septentrion,* ses *Épisodes de la vie d'une mante religieuse* ou son *Requiem des Innocents* pour savoir à qui l'on a affaire. À un boxeur des mots. Aussi me suis-je permis de lui envoyer un modeste uppercut : « Quand je vous lis, lui ai-je écrit, j'ai autant envie de vous rouler une pelle que de vous casser la gueule. » S'ensuivit une longue correspondance ponctuée d'échanges de disques et de livres, puis des années d'amitié. Grâce à lui comme aux zigues Nougaro et Fugain, j'ai progressé en matière d'écriture, je me suis autorisée à plonger dans les profondeurs de mes pensées. Ce n'est pas rien.

CLAUDE NOUGARO (merci). Immense artiste. Mec drôle parfois. Mec pas drôle du tout d'autres fois. Caractère entier. Caractère inquiet. Angoisse faite homme. Talent sans borne, accent chantant, tranchant, cinglant. Sincérité, constance, outrance. Peut-être la personne la plus excessive que j'aie jamais rencontrée : franchement, je ne lui arrive pas à la malléole. S'est éteint le 4 mars 2004, laissant un vide abyssal dans le monde de la chanson et dans mon cœur. Aimé partout où il est connu, ne fut pas reconnu partout et à sa vraie valeur de son vivant, et cela me paraît bien injuste.

MICHEL FUGAIN (ami). La chanson faite homme, un homme que j'admire et que j'aime. Michel tisse des mélodies à longueur de journée, il les habille de mots avec une simplicité universelle. L'exercice ne le fatigue jamais. Il le pratique comme on respire, parce qu'il est dans sa nature de vivre chaque instant pleinement, intensément, joyeusement, et en musique. La mélancolie habite Michel, aussi, et dans cette mélancolie, il taille des costards aux vacheries que lui a balancées son ingrate de vie. Une fille chérie partie, une épouse brisée, transformée. Le cœur de Michel saigne, Michel avance quand même. Michel, cœur vaillant.

– 16 –

Si la *Nouvelle Star* avait existé dans les années 1980, il est probable que j'aurais tenté ma chance. J'aurais fait le plein d'air, comme si gonfler mes poumons avait pu m'emplir de courage, et j'aurais poussé la porte des auditions. Je me serais présentée ainsi que tous les candidats se présentent.

– Bonjour, je m'appelle Claudine, j'ai vingt ans, je viens de Bruxelles.

Un juré m'aurait demandé ce que je m'apprêtais à chanter, et j'aurais peut-être souri en reconnaissant la question que posait Jacques Martin, chaque dimanche après-midi, aux enfants de son *École des Fans.* Ou bien j'aurais tremblé comme ont tremblé, face à moi lorsque j'étais jurée, tant de jeunes gens intimidés par la solennité du moment.

– Nougaro, je vais chanter Nougaro… *Armstrong.*

J'avais sept ans lorsque le Toulousain écrivit en hommage au trompettiste de La Nouvelle-Orléans qu'il n'était pas noir, mais blanc de peau, qu'il avait « beau voir le ciel, l'oiseau, rien, rien, rien ne luit là-haut ». J'avais neuf ans lorsqu'un autre Armstrong devint le premier homme à poser le pied sur la Lune ; cet Armstrong était blanc, bien sûr.

– Très bien, mademoiselle, m'aurait dit André Manoukian avec son sourire charmant. Nous vous écoutons.

Peu sûre de moi lorsque je marche, lorsque j'avance sous le regard d'un homme, convaincue que je ne suis pas assez belle pour qu'il s'attarde ne serait-ce qu'un instant sur un détail de mon anatomie, même sur mes chevilles que j'ai fines, ou sur mes mains, toujours impeccables, ou sur ma nuque, sensuelle ma nuque, je n'en doute pas, j'aurais pris mon inspiration et laissé les notes jaillir de ma gorge avec l'espoir que ma voix ne me trahisse pas. Je ne peux pas parier, aujourd'hui, que les quatre jurés m'auraient délivré un sésame pour « la suite de l'aventure », comme on dit dans le jargon du télécrochet-réalité. Je me souviens que les portes ne se sont pas toujours ouvertes si facilement lorsque je me suis présentée, à mes débuts. J'ai dû jouer des coudes pour me frayer un chemin jusqu'au premier rang et me procurer une occasion de faire entendre de quoi j'étais capable. Mon meilleur atout fut longtemps mon aptitude à foncer, avec culot, sans me poser trop de questions et surtout sans craindre d'être anéantie par les réactions que je suscitais. Cela ne veut pas dire qu'elles me laissaient indifférente, seulement à vingt ans, j'étais « trop forte », réellement, plus qu'aujourd'hui. J'avais moins peur de souffrir, j'avançais dans la vie protégée par une carapace de confiance et d'innocence, je redoutais beaucoup moins les coups qu'aujourd'hui. Je me sentais parfois freinée dans mon élan, mais paralysée, jamais.

J'admirais certains artistes, je ne les idolâtrais pas. Je ne me suis jamais transformée en groupie transie d'émotion, infichue d'aligner trois mots face à la vedette dont elle collectionne les disques et les affiches. Je n'ai jamais pris les chanteurs dont j'admire le travail pour plus qu'ils ne sont : des êtres humains. Le premier que je me suis permis d'aller attraper par le bras s'appelait Michel Fugain, et cela ne lui a pas plu. Je l'ai déjà raconté ici : j'avais créé un groupe sur le modèle du Big Bazar – le Minibrol – au sein duquel je faisais office de leader. Michel, chanteur post-soixante-huitard par excellence, inondait les ondes radio de ses couplets antimilitaristes : je reprenais vaillamment son « Petit Soldat » qui part faire la guerre la fleur au fusil, entraînant une foule d'hommes et de femmes derrière lui, j'annonçais gaiement que le printemps était arrivé et que « vive la vie, vie le vent, vive les filles en tablier blanc », je clamais haut et fort que « c'est bon de trouver plus con que soi ». Je ne doutais de rien : si je me servais de ses chansons pour démontrer mes « talents » d'interprète, je n'hésitais pas non plus à mettre en avant mes propres compositions.

Michel Fugain, j'en étais convaincue depuis toute petite, depuis que j'avais repris ses refrains dans la maison-nature et dans la cour de mon école, ferait partie de mes mentors. Lorsque je parvins, à l'âge de treize ou quatorze ans, à lui coller mes textes dans les mains, il me rembarra sévèrement : non, il ne les lirait pas, il avait mieux à faire. Quelle idée me faisais-je de la vie d'adulte ? Je fus scandalisée par sa réponse, si franche qu'elle en était blessante. Je ne me décourageai pas pour autant, et un soir de 1975, alors qu'il venait de donner un concert à Bruxelles, je le convainquis d'écouter une prestation du Minibrol. Lui-même grand bosseur, il dut reconnaître nos efforts puisque cette fois, il consentit à distiller pour nous quelques conseils de pro. Chanter *vers* les autres, et non seulement pour soi, s'ouvrir au public et créer une complicité avec lui, que celui-ci ne soit pas seulement spectateur mais aussi acteur... Des évidences pour les gens du métier, mais qu'il est toujours bon de formuler face aux débutants.

Ce jour-là, face à Michel Fugain, j'eus pour la première fois la sensation de toucher du doigt non plus le chant en tant que passion, mais en tant que métier. Lorsque je vis de nouveau Michel, des années plus tard, sur le plateau d'une émission de télévision, il vint me féliciter pour ma prestation. Il ne m'avait pas reconnue, et je lui rappelai la gamine qui l'avait harcelé, en Belgique, pour obtenir de lui un peu d'attention, au moins un peu. Depuis cc jour, nous ne nous sommes plus quittés. Des conseils, il m'en a offert encore beaucoup, mais il s'est surtout comporté comme un véritable ami, voire un frère : il m'a secoué les bretelles quand j'en avais besoin, il m'a soutenue et consolée, il m'a pardonné mes erreurs. Il a été là, tout simplement, comme j'ai essayé de l'être aussi dans sa vie, avec bienveillance, hors de tout jugement. Ainsi avons-nous grandi ensemble : Michel n'a que seize ans de plus que moi. Lorsque j'étais gamine et lui patron du Big Bazar, il n'avait pas quitté l'enfance depuis si longtemps…

C'est aussi à l'adolescence que je me permis d'aller taper sur l'épaule de Claude Nougaro… Avec les quelques sous que j'avais récoltés dans la rue, je m'étais acheté ses derniers albums en date, dont *Locomotive d'or*. Depuis longtemps déjà, depuis toujours je crois, j'étais littéralement envoûtée par ses mélopées et ses pluies d'onomatopées, ses paroles ciselées, ses jeux de mots tellement poétiques comme sur le titre *Dansez sur moi* : « Ma voix vous montre la voie, la Voie lactée, la voie clarté où les pas ne pèsent pas »… Lorsque Claude Nougaro est venu donner un concert au Palais des Beaux-Arts à Bruxelles, je me suis précipitée dans la salle et là, j'ai pris une véritable claque : sur scène, cet homme ne se déplaçait pas, il volait. Il était pourtant petit, râblé, il marchait presque voûté, la semelle de ses chaussures s'appuyait lourdement sur le sol, mais non : il glissait. Il communiait avec le public autant qu'avec ses musiciens. Unis par lui, comme s'il nous avait tous enlacés, embrassés, serrés dans le cordon de ses bras, nous ne faisions plus qu'un. Une démonstration de classe.

Nous étions plusieurs à l'attendre à la sortie des coulisses, mais peu aussi déterminés que moi à y entrer. Convaincu sans doute par le ballotin de chocolats que j'avais préparé pour l'artiste, par la cassette de mes chansons dans une enveloppe, par mon regard implorant pourquoi pas, un gardien me laissa pénétrer dans un couloir et me désigna une porte fermée.

– Monsieur Nougaro est là, dans sa loge. Il se rhabille. Tu ne vas pas frapper, tu le laisses tranquille, d'accord ? Tu attends qu'il sorte.

J'aurais promis Saturne et ses anneaux. Et j'ai attendu là, en effet, que les bruits cessent peu à peu dans les couloirs du Palais des Beaux-Arts, que les lieux se vident… Il était tard, les techniciens et les musiciens avaient fini leur journée, je les ai vus partir vers leur hôtel, un restaurant, je n'en savais rien, ensemble, fatigués mais contents, j'ai fini par croire qu'il n'y avait plus personne. Lorsque la porte de la loge s'est ouverte, j'ai vu un homme, pas tellement plus grand que moi, serrer la ceinture de son imperméable, prêt à partir à son tour.

– Monsieur Nougaro ?

Et je lui tendis mes « cadeaux ».

– Mais c'est pour quoi ?

Il n'appréciait peut-être pas le chocolat. Il avait l'air bougon. Presque agressif. L'homme que j'avais vu sur scène une heure plus tôt avait disparu. Envolée la communion. Il ne m'enlaça ni ne m'embrassa ni ne me serra, pas même du regard. Il fila, mais au moins avait-il pris mon enveloppe et les ganaches.

Je retournai dans la rue, avec ma guitare, mes chansons et celles des autres, celles de Graeme Allwright, de Leonard Cohen, de ce Claude Nougaro qui m'avait écartée de son chemin et à qui je n'en voulais pas… Je chantais un peu moins Michel Fugain, le jazz m'attirant de plus en plus. Peggy Lee, Billie Holiday, Ella Fitzgerald me berçaient le soir, tard, lorsque je rentrais me coucher, mais je n'osais pas reprendre leurs titres : je les plaçais toutes les trois bien au-dessus du lot, elles tutoyaient les dieux de la musique, j'aurais eu peur de me ridiculiser en cherchant à les imiter. J'éprouvais moins de complexes vis-à-vis des hommes, puisque je n'en étais pas un : avec eux, il ne s'agissait pas d'imiter, de faire aussi bien, mais de faire « à ma façon ». Par ailleurs, j'étais francophone, comme Nougaro, notre langue commune formait un obstacle de moins à franchir.

Je devais avoir seize ans et je me produisais déjà dans les cafés-théâtres de Bruxelles lorsque j'obtins son numéro de téléphone. Comme je m'étais permis de l'aborder un soir après son concert à Bruxelles, je m'autorisai à l'appeler.

– Bonjour, c'est Claudine.

– Claudine ?

– Je vous appelle de Bruxelles. Je vous ai remis une cassette de mes chansons il y a deux ans… Vous êtes mon maître…

Je l'ai senti se raidir à l'autre bout du fil. Il aurait pu raccrocher sans un mot. En tout cas, cela ne m'aurait pas surprise. Il a préféré s'expliquer.

– Votre maître ! Mais, mademoiselle, je refuse catégoriquement ce rôle.

Pour cette fois, je n'ai pas insisté plus longtemps. Sa phrase a résonné longtemps dans mes oreilles, je l'entends encore aujourd'hui, le « mademoiselle » et l'adverbe, prononcés de façon saccadée, syllabe après syllabe, histoire que je comprenne bien, et que cette idée folle me quitte. Comme s'il avait pu changer quelque chose à l'admiration que je lui vouais. Non, il n'avait pas le choix du rôle qu'il avait endossé dans ma vie. Même s'il ignorait tout de mon quotidien, et aussi ce dont j'étais capable, puisqu'il n'avait pas pris la peine d'écouter mes enregistrements, même s'il put croire s'être débarrassé de moi après cette conversation téléphonique, je n'étais pas décidée à renoncer à lui.

Quelques mois supplémentaires s'étaient écoulés lorsque Claude Nougaro fut annoncé au théâtre de Verviers, la ville où mon père dirigeait toujours le conservatoire de musique. Je savais que papa compterait parmi les quelques privilégiés amenés à rencontrer l'artiste après son passage sur scène : je lui demandai d'intercéder en ma faveur et de lui remettre une nouvelle cassette. Il m'appela dès le lendemain.

– Claudine, Nougaro m'a promis qu'il écouterait tes chansons et qu'il te donnerait des nouvelles.

Quelques semaines plus tard, en effet, je reçus une lettre de mon « maître », comme je l'avais appelé. Il n'était pas avare de critiques : je m'en fichais parce qu'elles étaient constructives. Il évoquait notamment « un tarabiscotage complaisant » et me conseillait de regarder moins mon nombril pour penser davantage aux autres. « Que votre *je* rejoigne le *nous* – garo » : sa lettre se terminait sur ce jeu de mots qui avait donc valeur de signature. Cette fois, j'étais entrée en relation avec lui, pour de bon et pour longtemps, j'y reviendrai plus loin. J'avais donc bien fait de m'accrocher à sa manche et de quémander son attention, sinon sa bienveillance.

Dans les années 1980, j'ai éprouvé la même pulsion vis-à-vis de Louis Calaferte, dont j'admirais l'écriture autant qu'elle me dérangeait : je devinais en lui les fêlures, les écorchures, les blessures à vif qui ne seraient jamais refermées, je me sentais pareille à lui, le talent pour la plume en moins. Aujourd'hui, son épouse Guillemette travaille à faire perdurer son œuvre, en faisant jouer ses pièces de théâtre notamment. Comme elle, à ma modeste mesure, je fais de la publicité pour Louis Calaferte en conseillant sa lecture à mes amis. Non seulement cela me fait plaisir, mais en plus cela me donne le sentiment d'accomplir une sorte de devoir filial.

On peut se demander aujourd'hui pourquoi, si jeune, je suis allée vers Michel Fugain et vers Claude Nougaro. Pourquoi je les ai harcelés, il n'y a pas d'autre mot, afin qu'ils me regardent et m'écoutent. Si l'on m'avait posé la question il y a trente ans, je ne suis même pas certaine que j'aurais pu y répondre. Je n'aurais pas osé formuler mon ambition d'alors. Je n'étais pas dans une démarche de groupie, encore une fois, mais de consœur. Tant pis si cela peut sembler présomptueux, mais je dois le reconnaître : je me moquais bien qu'ils me signent un autographe, je n'avais pas besoin de leur serrer la main.

J'avais la ferme intention de me placer directement dans une position d'échange avec eux. Je voulais partager la musique, la chanson, l'espace d'une scène, et au-delà, partager des discussions sur ce qui nous fait vibrer ensemble, partager des moments d'intimité en buvant des verres et en mangeant de bons petits plats. Je voulais partager avec ces êtres dont je me sentais proche, de façon instinctive, tout ce qui fait le sel de notre vie. Ils ne le savaient pas, et je n'en étais pas pleinement consciente moi non plus lorsque j'avais vingt ans, mais nous étions, en effet, de la même famille. Comme j'ai eu de la chance qu'ils ne me renient pas, finalement, et comme je suis fière…

AMITIÉ **(nécessaire).** Sentiment affectueux que l'on porte à quelqu'un sans en tomber amoureux, raison pour laquelle il est en général assez durable. À dix-huit ans, j'ai rencontré deux personnes excessivement aimables, aussi ne me suis-je pas privée de les aimer. Et cela dure encore aujourd'hui. Je pense au chanteur, compositeur et immense musicien Philippe Lafontaine, un de mes rares amis dans le métier qui m'appelle régulièrement pour me demander des nouvelles, pour le plaisir de me parler, comme ça… Je pense aussi à Dani Klein, *the voice* de Vaya Con Dios, qui est une autre sœur pour moi : une sœur de cœur et de chœurs. Nous nous sommes tous rencontrés à peu près au même moment, entre mes seize et mes dix-huit ans. Le plus incroyable, c'est que je les aime tellement tous les deux, alors qu'ils ont un mal fou à se supporter l'un l'autre. Amitié, sentiment d'affection réciproque difficile à partager.

PERSÉVÉRANCE (je connais). Mélange de croyance, d'espoir et de courage qui donne la force de s'accrocher, de continuer d'essayer, et, qui sait, d'approcher son but… Sinon de l'atteindre. Vertu bien utile dans tous les domaines de la vie, j'imagine, et que j'ai su mettre en pratique pendant mes jeunes années. Pour m'éviter alors, il n'y avait rien d'autre à faire que de changer de planète. Faute de vaisseau spatial, Nougaro dut se résoudre à faire ma connaissance. Et contre toute attente, il s'en est vite remis.

– 17 –

Longtemps j'ai vécu avec peu, et ce peu me suffisait. Le propriétaire de mon studio bruxellois a eu la gentillesse, à maintes reprises, d'attendre que mes finances me permettent de lui payer son loyer, voire tous les retards que j'avais accumulés. Au final, après quelques semaines creuses suivies de mois plus ou moins pleins, grâce aux cachets que je courais dans les cafés-théâtres de ma ville, mais aussi, bien vite, à Paris, j'ai réussi à payer mes factures, le fromager et le caviste du coin : une pâte molle, une pâte dure et un chèvre, quelques bouteilles d'un vin rouge d'un bon rapport qualité/prix, il ne m'en fallait pas plus pour réunir mes amis sur la moquette de mon modeste logis et y passer de bons moments. Ceux que j'appelle mes amis jouaient dans les mêmes endroits que moi, faisaient les mêmes rêves que moi, riaient comme moi pour se consoler des moments de grande solitude que nous vivions tous, sur scène, face à une salle pleine de spectateurs indifférents ; nous communiions dans l'amour de la musique, l'attente et l'espoir de réussite.

Si je n'étais pas riche, je ne manquais de rien. Seul m'importait, encore et toujours, de m'avancer un micro à la main : jeune, enthousiaste, un brin naïve, je considérais qu'on me faisait un cadeau chaque fois que chanter m'était permis, je n'exigeais pas lourd en échange. Avant de penser à l'argent, je visais mon plaisir. Ensuite, je voulais rassurer mon père qui me connaissait mal – après tout, nous n'avions pas vécu longtemps ensemble –, le consoler – je n'avais pas persévéré dans la pratique d'un instrument classique –, et si possible l'impressionner. La première fois qu'il me vit et m'entendit sur une scène, interprétant mes propres compositions, il ne me parut pas sur le point de défaillir d'admiration pour moi, mais je lus dans son regard qu'il n'avait pas honte, au contraire. Il regardait sa fille, debout, sûre d'elle comme jamais, envoyant des notes comme on discourt, sans s'excuser de déranger. Je le devinai sinon rassuré, consolé et impressionné, au moins soulagé. Enfin, je chantais, déjà, dans le but de m'inscrire dans la durée, car si je n'ai jamais nourri d'ambition en termes de notoriété et de revenus, j'ai toujours voulu « faire carrière ». Le 8 octobre 1978, lorsque le grand Jacques Brel disparut, je n'avais pas encore soufflé mes dix-huit bougies mais je remportai mon premier véritable contrat de chanteuse : le directeur de L'Esprit frappeur, un théâtre bruxellois, me sollicita pour participer au spectacle qu'il montait en hommage au plus grand des interprètes belges : « Brel en mille temps ». Avec mes amis Dani Klein et Philippe Lafontaine, j'ai fait l'expérience de tournées harassantes mais enthousiasmantes : en Union soviétique – le mur de Berlin n'était pas encore tombé –, au Sénégal… Moi qui n'avais jamais voyagé, je découvrais d'autres façons de vivre et l'énergie dont me nourrissait le quotidien d'une troupe, où nous partagions l'amour de la musique. Je me sentais là comme en famille.

J'étais heureuse, pas fière. Je progressais, je ne me considérais pas comme « arrivée » (c'est toujours le cas aujourd'hui, d'ailleurs). Le monde de la chanson est tout petit, Bruxelles n'y occupe que l'espace d'un dé de jeu, j'avais ma place sur l'une de ses faces, voilà tout. Bien sûr, je continuais d'aller voir sur scène ces artistes que j'admirais toujours autant, à commencer par Claude Nougaro, et s'il était toujours aussi périlleux de l'approcher après le spectacle, Jean-Pierre Brun, son agent, appréciait ma persévérance.

– Viens avec nous au restaurant ce soir, je te présenterai Claude, me dit-il.

Il fit mieux que ça : il m'installa juste à côté de lui, et j'en profitai pour rappeler à ce maître qui refusait d'en être un les épisodes précédents de notre relation.

– Je vous ai presque forcé à prendre une cassette de mes chansons, il y a deux-trois ans, au Palais des Beaux-Arts…

– Ah, c'était vous !

– Oui, et je vous ai appelé, après, chez vous à Paris.

– En effet, je m'en souviens. Et vous m'avez fait passer une autre cassette, à Verviers…

– Vous l'avez écoutée ! Vous m'avez même écrit une lettre, finalement ! Je savais bien que vous finiriez par m'écouter.

Il a ri. Il a rempli nos verres.

– Et alors ? Ça marche maintenant, pour vous ?

– Ça commence, oui. Je m'accroche. Ça va aller.

Je me souviens qu'il a acquiescé en silence. Sans doute était-il autant amusé que soulagé : à l'évidence, je n'attendais rien de plus de lui. S'il refusait le rôle de mentor, c'est surtout qu'il ne voulait pas en assumer la responsabilité. Il avait alors une cinquantaine d'années et avait assez bataillé pour s'imposer dans le métier : il ne se voyait pas encourager quiconque à suivre son chemin au risque d'être dévasté, comme il l'avait été, comme il le serait encore par la suite, par de mauvaises critiques ou le public qui s'écarte. Pour ma part, je n'étais pas préparée à essuyer des refus, des échecs, personne ne l'est et aucun discours ne vaut l'expérience en la matière, mais j'étais portée par ma volonté de chanter et par une certaine insouciance. Claude n'avait pas pu le deviner lorsqu'il m'avait croisée, gamine, à la porte de sa loge, mais ce soir-là, assis près de moi dans un restaurant de Bruxelles, avec son manager en face de nous, il comprit que j'étais armée de confiance et que je ne me laisserais pas décourager.

Il vint en chercher confirmation, quelques semaines plus tard, dans la salle de Montmartre où je passais. Plusieurs fois, perchée sur la scène du Tire-Bouchon, avec ma guitare pour tout accompagnement, j'avais distingué sa silhouette trapue : il habitait dans le quartier, il n'avait pas à traverser Paris pour me voir. Un soir, enfin, c'est lui qui m'attendit à la fin du spectacle. Il n'avait pas de chocolats dans les mains, pas de cassette non plus, évidemment, pas davantage de fleurs, tant pis. Jean-Pierre Brun, en revanche, se trouvait là, à ses côtés, et il afficha un large sourire lorsque Claude s'adressa à moi, en cherchant ses mots, presque avec timidité.

– Voilà Claudine : je suis en tournée, un peu partout en France, et j'aimerais bien que tu interviennes sur quelques dates au milieu du spectacle pour chanter quelques chansons à toi, avec mes musiciens…

S'il n'était pas mon maître, Claude se comportait comme un seigneur. Il m'adoubait. Il me tendait plus que la main : ses compagnons de scène, piano, guitare, basse, cuivres, percussions, tout un orchestre pour m'entourer, et dans la salle son public pour m'écouter.

– Ça te dit, Claudine ? me demanda Jean-Pierre.

Il connaissait ma réponse avant même que la proposition me soit formulée. Je dégoulinais de reconnaissance et d'émotion mélangées.

Et me voilà bientôt à Aulnay-sous-Bois, en Seine-Saint-Denis, dans une salle qui ne paye pas de mine. Me voilà tremblante d'émotion, planquée derrière un rideau, dans la coulisse, tandis que Claude Nougaro me déroule le tapis rouge. Me voilà chanteuse, donc, chanteuse pour de vrai ! Tu vois ça, papa ? Moi je me vois dans la lumière, tandis que Nougaro est sorti changer de chemise et se rafraîchir avant de reprendre la place. Je chante *Fais soleil*[1], je me régale.

Fais soleil au fond de moi
Sois mon amant pour une fois
Mets du ciel entre mes draps et demain
Tant pis s'il pleut sur mon cœur
Quand tu t'en iras
Oui tant pis s'il pleut sur mon cœur…

1. J'ai aussi écrit la musique de *Fais soleil.* Pour les paroles, j'aurais sans doute pu mieux faire mais pour cette fois, je me pardonne : je n'avais que seize ans… © Saravah Éditions musicales, Kotch Music.

Un peu plus tard, je loge carrément chez Claude Nougaro : il m'a invitée à m'installer dans une chambre de sa maison chaque fois que j'ai trouvé un engagement à Paris. Un soir, je débarque avec mon fiancé du moment, un grand type, brésilien, qui ne parle pas un mot de français : nous communiquons en anglais, mais Claude n'en parle pas un mot. Néanmoins, il se fait une joie de partager le contenu de son bar avec mon amoureux. Je passe une nuit blanche mais sans plaisir : mon homme est malade à crever… Au matin, Claude rit ouvertement du mauvais tour qu'il m'a joué.

Un soir, il chante au New Morning, un club de jazz réputé en plein centre de Paris, et il est prévu que j'assure l'intermède à nouveau. Il me présente au public d'une façon glaciale.

– J'ai rencontré cette jeune femme à Bruxelles, elle m'a fait écouter ses chansons : c'était très mauvais. Mais enfin elle a fait des progrès… Maurane !

Après le concert, nous rentrons bras dessus bras dessous comme si de rien n'était : il a été maladroit, il ne s'en est même pas rendu compte, et je ne lui en veux pas. Nos relations sont entièrement dénuées de complaisance. Sur scène ou pendant les noubas qui nous font traverser Paris de la nuit noire au matin déjà clair, nous avons le même sexe, nous sommes deux âmes frères.

Une nuit d'insomnie pour lui, de sommeil profond pour moi, il interrompt brutalement mes doux rêves en déboulant dans ma chambre.

– Claudine, réveille-toi, réveille-toi ! On va écrire une chanson ensemble. Sur les pères et les filles. Et ça s'appellera : *Ça va pas papa !*

Ça va pas Nougaro ? Non, en effet, souvent, ça n'allait pas. Mal dans sa peau, il devenait hargneux, agité. Ses émotions débordaient, il ne savait pas quoi faire de lui-même, il voulait être quelqu'un d'autre, il se consumait de colère rentrée. J'en sais quelque chose : il est douloureux de ne pas parvenir à s'aimer. Claude et moi nous reconnaissions, avec nos complexes, mon poids, sa taille : chacun son cri mais la même forme de dépression. C'est parce que nous étions tellement semblables que je lui ai pardonné ses excès comme il a su me pardonner les miens. C'est parce que nous vivions avec la même boule au ventre que nous sommes devenus des alliés.

Un jour, nous nous sommes manqués. Il préparait son dernier album et m'a fait venir chez lui pour que j'écoute un titre en particulier : *L'Espérance en l'homme*. Il souhaitait que nous l'enregistrions, en duo. J'étais partante, bien entendu, partante pour tout ce qui concernait cet homme que j'admirais toujours et que j'aimais, en plus, comme on aime un membre de sa famille de cœur. Nous nous sommes manqués parce que, avant de partir, je ne lui ai pas dit clairement « d'accord, quand tu veux, tu m'appelles, on cale une date pour le studio ». Nous nous sommes manqués parce que le cancer l'avait déjà mordu et ne desserrait pas les crocs. Parce que les semaines, les mois ont passé, marqués pour lui par les séances de soin pénibles, inefficaces, pour moi par mon propre travail, loin de lui. C'est Hélène, sa dernière épouse, qui m'a expliqué, après la mort de Claude :

– Il a cru que tu n'avais pas aimé sa chanson. Il n'a pas voulu insister.

J'ai regardé mon visage dans le miroir. Je l'ai reconnu, fermé, parfois, et grave aussi, grave comme il avait dû l'être ce jour où Claude m'avait fait écouter *L'Espérance en l'homme*, parce que j'avais vu mon ami malade, partant, et n'avais pas su prendre sur moi pour gonfler la poitrine et sourire. Mon visage avait été porteur de mauvais signaux que Claude avait interprétés comme de la distance, du désintérêt. Mon visage n'avait pas exprimé l'affection ni la reconnaissance. Il m'avait trahie.

Si la vie m'a fourni des occasions d'éprouver du regret, j'ai souvent choisi de n'en rien faire. Les erreurs que j'ai commises, quelles qu'en furent les conséquences, je les ai commises de tout mon être et sans le vouloir, poussée par je ne sais quel défaut de ma personnalité que je dois bien accepter :

de toute façon, j'assume mes actes. Regretter ce qu'on n'a pas fait, ou mal fait, n'apporte que de la frustration et de la tristesse. Si je suis triste de ce qui s'est passé avec Claude, ou plutôt de ce duo que nous n'avons pas enregistré, c'est égoïstement parce que j'aurais aimé chanter à ses côtés, bien sûr, mais aussi parce que j'ai peiné un ami. Maintenant, c'est arrivé, voilà, je le déplore mais je ne peux pas le regretter, je n'en ai pas le droit, ce serait indécent, d'autant que la vie de Claude ne dépendait pas de ce duo, ni de quoi que ce soit me concernant. S'il m'aimait – et il m'aimait –, s'il appréciait ma façon de travailler, il avait trop de pudeur pour l'exprimer franchement. J'avais évoqué devant lui un projet, encore balbutiant – Nougaro restait mon maître, qu'il le veuille ou non –, de reprendre ses chansons. Il m'y encourageait gentiment, mais toujours en me charriant.

– Il va falloir que tu sois à la hauteur, ma petite !

Foutue pudeur.

J'ai compris que je lui étais chère ce jour, quelques semaines seulement avant sa mort, où il accepta de donner une interview à mon sujet : le journaliste Benoît Vlietinck réalisait un portrait de moi, il me suivait partout depuis un an et demi déjà, il voulait aussi rencontrer les gens qui m'étaient chers. Claude avait beaucoup maigri, il était fatigué, mais il fit l'effort. Après ce moment, je ne le revis plus.

Puis, en 2007, Hélène parla d'organiser le quatre-vingtième anniversaire de Claude qui aurait eu lieu deux ans plus tard. Je trouvai plutôt joyeuse l'idée de souffler ses bougies comme s'il était là, davantage qu'une commémoration ! Nous nous retrouvâmes pour organiser les préparatifs de la fête et les événements qui l'accompagneraient, et Hélène en profita pour me rappeler mon projet avorté.

– Claude affirmait que tu étais sa digne héritière. Cet album de reprises de ses chansons, tu dois le faire.

Sa digne héritière. Moi, la jeune enquiquineuse qui lui portais des chocolats à la fin de ses concerts, moi qui étais revenue par la fenêtre lorsqu'il m'avait jetée à la porte. Son héritière… Il l'avait dit à tout le monde, sauf à moi. Lorsque je suis entrée en studio, les textes de *Tu verras,* de *Rimes,* de *Allée des brouillards* sous le bras, j'avais quarante-huit ans, trente années de chanson derrière moi, et je n'avais jamais autant eu le trac.

DÉBUTER (action longue). On commence un discours, on engage un combat, on entreprend un travail, on attaque une côte, on amorce une pompe, on entame un fromage. Une carrière, on la débute. Et même, on débute tout court. C'est une démarche qui demande courage, patience et persévérance, mais pas seulement (voir définition suivante)… Lorsque les débuts se concrétisent, lorsque l'on s'installe dans sa carrière, ne reste qu'à travailler dur pour qu'elle dure. Indolente souvent, paresseuse parfois, j'ai dû m'y coller avec assez d'ardeur : voilà plus de trente ans que j'ai débuté.

INSOUCIANCE (la mienne, cette fois). État de qui ne se fait pas de souci, d'inquiétude, de mouron. Permet d'oser, de se lancer, de se jeter, quitte à le regretter ensuite. Bien sûr, j'ai affirmé quelques pages plus tôt que je ne regrette rien. Toutefois, je dois bien admettre que je regrette un peu l'insouciance de mes vingt ans.

FOI (mais en quoi ?). Croyance que l'on a, chevillée à l'âme, plus forte que les arguments, la logique, la raison. Conviction profonde qui nous dépasse, qui ne s'explique pas, qui n'appartient qu'à soi.

TRAC (je connais). État de qui a perdu toute son insouciance. Nœud dans la gorge, cœur palpitant, souffle court, menton qui tremble, mains moites, pieds poites et jambes molles. À l'instant de m'élancer sur une scène ou un plateau de télévision, chaque fois que je me sais sans filet, partie pour convaincre ou condamnée à me ramasser, j'ai le trac. Je pensais qu'il me passerait, avec l'expérience. Au contraire, il est peut-être encore plus fort.

– 18 –

Lorsque j'étais élève au lycée de la Retraite du Sacré-Cœur, entourée par des femmes qui avaient décidé de consacrer leur vie à Dieu, je doutais. Ma grand-mère, Manet, fervente catholique, tentait de m'enseigner les rudiments de la religion chrétienne comme elle s'escrimait à me faire apprendre le solfège et le violon : avec peine. Tout juste parvenait-elle à me traîner à l'église. Je m'y rendais comme on va au spectacle, en jolie robe et les cheveux soigneusement coiffés ; m'attiraient surtout le décor et les chants, hélas bien éloignés des gospels enfiévrés que je découvrirais plus tard. Je doutais, donc. Pour commencer, je doutais de mon envie de revenir à la messe le dimanche suivant. Ensuite, je doutais que les prières de tous ceux qui m'entouraient fussent entendues. Qu'elles fussent exaucées, j'en doutais encore plus.

Je ne doutais pas que toute cette histoire de religion me dépassait, ni que je n'y comprendrais jamais grand-chose. J'observais Manet, concentrée sur ses prières, et je l'enviais un peu. Il me semblait bien que ce qu'elle éprouvait là, et que je ne nommais pas encore la foi, l'aidait à tenir debout, à accepter ce qu'elle ne pouvait pas changer, mais aussi à imposer son point de vue lorsqu'elle estimait qu'il en allait de son devoir et que sa position était juste. Au fil des années, mon libre arbitre s'est développé et j'ai commencé à penser qu'elle n'avait pas toujours raison, ma chère Manet. Parmi les opinions qu'elle entendait partager, j'ai relevé – en silence – des incohérences, voire des erreurs de jugement, pour ne pas dire des inepties – on en dit tous quelques-unes de temps à autre, non ? On en dit, et elles aident les enfants qui nous entourent à se construire, à se forger leur propre avis sur les choses de la vie, à envisager que ce qu'ils ne comprennent pas a peut-être un sens, néanmoins. Un sens caché, qu'ils découvriront au cours de leur vie, s'ils ont de la chance. En tout cas, il n'appartient qu'à eux d'essayer. Réaliser que les adultes que l'on pensait tout-puissants se trompent parfois rend plus fort : il est donc permis d'être imparfait. Mais cela fragilise aussi : s'ils font erreur sur ceci que nous avons relevé, qu'en est-il sur cela ? Et s'ils se trompaient sur tout ?

Manet n'a pas insisté longtemps, avec Dieu. Elle est restée proche de lui sans m'inclure dans leur cercle, c'est très bien ainsi et de toute façon, cela ne pouvait pas se passer autrement. On ne force pas quelqu'un à avoir la foi. Elle ne s'inculque pas. De la même façon, on ne peut éteindre la foi qui anime une personne depuis son plus jeune âge. La foi ne se commande ni dans un sens, ni dans l'autre.

Petite, je n'en étais pas consciente bien sûr, mais j'éprouvais une forme de foi. En moi. Il s'agissait d'autre chose qu'un espoir, une croyance : je n'espérais pas devenir chanteuse, je ne croyais pas que je pouvais le devenir. Je l'étais, je le sentais, là, dans mon cœur. Pour ce qui est de Dieu, je demandais à Manet :

– Puisque personne ne l'a jamais vu, comment peux-tu être sûre qu'il existe ?

– J'en suis sûre parce que je le sais. Je le sens. Là.

Elle désignait son cœur.

J'aurais pu ne jamais rencontrer le public. J'aurais pu devenir pharmacienne, horticultrice, marchande des quatre-saisons, gagner ma vie jour après jour en pratiquant n'importe quelle profession, me contenter d'écouter des disques en rentrant chez moi le soir. J'aurais pu payer mon billet pour me rendre aux concerts de Claude Nougaro, de Michel Fugain, Al Jarreau et Joni Mitchell, et demeurer pour eux un visage anonyme, à peine éclairé dans la fosse. J'aurais pu. Mais je sais que même dans une vie comme celle-là, j'aurais continué de chanter et d'avoir cette foi, chevillée aux cordes vocales, cette conviction intime et inexplicable que je n'étais vraiment faite que pour cela.

J'ai eu de la chance. Chaque fois que je regarde en arrière, la liste de mes albums, toutes les villes où je suis allée les défendre, les lettres, les messages que j'ai reçus de la part de personnes qui suivent mon activité et mon parcours, les encouragements lorsque j'affiche une petite mine, je ne peux que me dire que j'ai eu de la chance. Mais en fait, cela ne pouvait pas se passer autrement : j'avais la foi, cette foi m'a guidée vers les bonnes personnes, et parfois elle les a guidées jusqu'à moi. Grâce au spectacle « Brel en mille temps » auquel j'ai participé, en 1979, j'ai rencontré Pierre Barouh, l'auteur et interprète de la célèbre musique du film de Claude Lelouch *Un homme et une femme*. Il avait monté son propre label, Saravah, peu de temps avant la sortie et le succès phénoménal du film. Il m'a prise sous son aile, m'a fait enregistrer quelques 45 tours : *J'me roule en boule* et *Fais soleil* notamment. Puis il m'a emmenée au Québec pour y produire un album, un 33 tours à l'époque, et si ce projet capota, Pierre persévéra jusqu'à la sortie de *Danser*, en 1986. Sorti dans la foulée d'un spectacle qui avait bien marché au Sentier des Halles, à Paris, ce disque me permit de prendre une autre ampleur dans le métier. J'avais vingt-six ans. Est-ce que c'était tôt ? Non, plutôt tard dans la mesure où j'avais quitté le lycée pour me lancer dans une carrière professionnelle depuis déjà dix ans. Mais le temps ne m'avait pas semblé si long : portée par ma foi, je n'avais jamais perdu mon objectif de vue, je n'avais jamais douté que je l'atteindrais. D'ailleurs, avant même la sortie de *Danser*, je l'avais déjà atteint puisque, en effet, je chantais.

Ma chance, je la provoquais. Ma carrière naissante, je ne laissais personne la guider à ma place. J'étais à la tête de ma petite entreprise, j'en étais la seule force vive, à moi de la gérer, de la faire prospérer. Lorsqu'il me parut évident que je pourrais la développer chez Polydor mieux qu'avec Pierre Barouh, je l'ai quitté, et j'ai bien fait puisque cela fait vingt-cinq ans que je travaille sous le même label ! Le premier disque que nous avons fait ensemble, avec les chansons *Pas gaie la pagaille, Tout pour un seul homme* et *Toutes les mamas,* notamment, s'est vendu à cent cinquante mille exemplaires et il m'a valu mon premier Olympia et une belle tournée en France et à l'étranger. Pierre m'en veut toujours, il m'en voudra jusqu'à son dernier souffle apparemment. Je n'estime pas avoir été ingrate envers lui, pourtant, et sa rancune me peine. Parce qu'il m'a révélée en France, il estime que je lui appartenais. Non, je n'appartiens à personne, ni à un agent, ni à une maison de disques, ni même à un homme.

Je ne suis pas très stable, sans doute, je ne persévère pas toujours comme je le devrais : la preuve avec *Starmania*, en 1988. J'avais été engagée pour reprendre le rôle de Marie-Jeanne dans l'adaptation de la comédie musicale en France et au-delà de nos frontières : je n'ai pas boudé mon plaisir, mais après six mois de représentations, j'ai craqué. Endosser le même costume, tous les soirs, ne jamais avoir l'occasion de me taire, de souffler, d'être seule… J'ai fait une espèce de crise de nerfs, je me suis effondrée, et je ne suis pas revenue. Bien sûr, j'aurais dû mettre les formes à mon départ, tenter de me rétablir vite pour tenir mon rôle le temps qu'on me remplace, mais je n'en ai pas été capable parce que je n'avais pas vu venir la crise. De fatigue, pas de foi. Peut-être aussi la détresse de mon personnage avait-elle fini par déteindre sur moi. Marie-Jeanne ne rêvait que de partir accomplir son destin au soleil alors qu'elle servait des cafés en tablier blanc.

J'veux pas travailler
Juste pour travailler
Pour gagner ma vie
Comme on dit…[1]

Si j'avais été pharmacienne, horticultrice, marchande des quatre-saisons, j'aurais sans doute chantonné ce couplet en pleurnichant sous ma douche. J'étais chanteuse, juste chanteuse, pas très connue, je manquais trop d'ambition pour m'accrocher à

1. Paroles de Luc Plamondon, musique de Michel Berger, © Warner Music.

la chance qui m'était donnée de me faire mieux connaître par le biais de *Starmania*. Mais comme j'avais la foi, je me sentais forte et confiante, et cela me suffisait.

Au fil du temps, j'ai compris pourquoi. D'accord Manet, la foi est là, tapie dans le cœur, ou dans la cervelle ou dans les entrailles, je ne sais pas. Elle est logée quelque part en soi, on ne peut pas trouver les mots pour l'expliquer, elle ne repose sur rien de rationnel, et l'on pourra nous examiner, nous disséquer, nous détricoter, nous éparpiller comme un puzzle, elle restera en nous, invisible et impalpable. Parce que la foi de chanter, c'est juste de l'amour.

Quand je chante, j'aime.

J'aime d'une façon violente, enragée.

Je donnerais la foi de chanter à mon pire ennemi, tellement, quand je chante, je suis en paix.

Ça part du bas-ventre pour jaillir par le sommet de mon crâne. Le diaphragme et la bouche sont un tuyau : je me tords, presque imperceptiblement, comme on incline l'archet sur les cordes d'un violon, et la note sort différente. Le plus souvent debout, les jambes un peu écartées et fléchies, j'imprime un léger balancier de gauche à droite, les énergies circulent. Ma foi se diffuse en moi, comme une fumée, je chante, et il me semble qu'elle ressort par tous les pores de ma peau. La route de la voix ne se limite pas à la gorge, le corps tout entier a son importance : il est un instrument. Il faut le connaître, exactement comme pour faire l'amour. Il faut apprendre à s'en servir et à en jouer pour qu'il puisse tirer et donner le plus de plaisir.

Il faut parfois se faire aider. J'ai pris mes premiers cours de chant au moment de préparer l'album de reprises des chansons de Claude Nougaro. Malgré ma foi, je n'étais pas certaine d'être « à la hauteur »... J'avais le sentiment d'avoir une sacrée responsabilité et une responsabilité sacrée : pour cet homme que j'admirais tellement, je voulais faire mieux que ce que je savais faire depuis longtemps. Que ma voix résonne jusqu'à lui. J'avais vu Richard Cross à la télévision lorsqu'il donnait des cours aux jeunes candidats de la *Star Academy,* et j'avais éprouvé alors, pour la première fois, l'envie de travailler la technique du chant avec quelqu'un. Grâce à ce qu'il m'a appris, et grâce à ce que je savais déjà mais dont il m'a fait prendre conscience, j'ai progressé. Pour les sons techniques, les « è », je baisse la tête. Pour envoyer une note à grande puissance, je garde les yeux grands ouverts et je la projette au-delà du point d'horizon. Sur une scène, elle passe au-dessus de la tête des gens. Au contraire, pour un air et des paroles intimes, j'accroche un regard parmi les spectateurs. Je m'adresse à lui comme on parle, juste assez fort afin d'être entendu, pas davantage. Et lorsque je veux que le public entre en moi, je ferme les yeux.

Chanter demande un accord total avec soi-même. Les voix qui nous touchent vibrent profondément dans le corps qui les porte : je pense à Jacques Brel, à Léo Ferré, à Claude Nougaro bien sûr, mais aussi à Sting, Kate Bush, Bobby McFerrin, Peter Gabriel, Pascal Auberson, artiste suisse non reconnu à sa juste valeur… Ce qu'ils offrent va bien au-delà du chant. Ils se sauvent eux-mêmes, de quoi, je ne le sais pas, cela ne regarde qu'eux… Je sais que chanter a sauvé la vie à l'enfant que Manet, animée par une autre foi que la mienne, inconsciente du mal qu'elle faisait, surnommait Bouboule. Certains couchent des formes et des couleurs sur des toiles, d'autres écrivent des poèmes, inventent des personnages, les manipulent comme des marionnettes, leur donnent et leur enlèvent la vie, d'autres encore créent des symphonies, des opéras, des mélodies qui touchent le plus grand nombre. Il n'y a pas d'artiste qui ait été heureux toute sa vie, j'en suis convaincue, mais toute douleur intime peut servir de terreau à la création et à une forme d'art, j'en ai la certitude ; elle est quelque part en moi, dans le même quartier que ma foi peut-être, on ne l'en délogera pas.

Je ne suis qu'une chanteuse. Je ne serai jamais pharmacienne, horticultrice ni marchande des quatre-saisons, je n'en aurai jamais la force ni le courage. Je chante, c'est le seul moyen que j'aie trouvé pour exister.

INDOLENCE (empêche l'insolence). État de qui ne s'émeut de rien, ni du bien, ni du mal, selon la définition philosophique du mot. Absence de sensibilité physique selon le terme médical. Tendance à se donner le moins de peine possible selon la troisième acception. C'est dans cette dernière, et dans cette dernière seulement, que je me reconnais. Je devrais travailler davantage. Me forcer à m'asseoir à mon bureau, ouvrir un nouveau fichier sur mon ordinateur, faire mes exercices d'écriture comme on s'astreint à faire ses gammes en musique. Seulement voilà, je ne sais pas être laborieuse. Le pourrais-je si je le décidais ? Je décide que non. Quand je pense que Céline Dion et Lara Fabian s'infligent une heure trente de vocalises avant chaque spectacle… Je suis épuisée pour elles !

CAUCHEMAR (récurrent, en plus). La tournée commence ce soir. C'est la première date, le premier concert, il faut assurer ou se soustraire. J'entre sur scène. Je porte un peignoir, une chaussure au pied gauche, une pantoufle au pied droit, un seul de mes deux yeux est maquillé. Je ne suis pas prête. Il m'arrive aussi de me rêver dans une ambiance proche des tableaux de Léon Spiliaert, peintre belge de la première partie du XXe siècle dont l'œuvre m'a toujours interpellée, éveillée ou non : je me trouve au sommet d'un escalier en spirale, la hauteur est vertigineuse, il est à peu près certain que je vais tomber. J'aimerais tellement mieux rêver de moi comme modèle de l'une de ses marines, si sereines et apaisantes…

EXAMEN (nom barbare). Lorsqu'il s'est agi de jouer du violon face à un maître international, je ne me suis pas souciée de son verdict. J'ai quitté le lycée avant les épreuves de rhétorique, équivalent du baccalauréat français. Et je ne me suis pas présentée au permis de conduire. Je n'ai jamais sué sur une copie ou un exercice technique en craignant d'hypothéquer mon avenir par une mauvaise réponse, un mauvais geste, je ne me suis pas tourné les sangs jusqu'à l'annonce des résultats. Moyennant quoi je n'ai jamais été recalée. Restent les concerts. À Bruxelles, j'ai toujours peur de décevoir le public fidèle au rendez-vous depuis trente ans. À Paris, où la « belgitude » demeure une attitude rare, là, oui, j'ai toujours l'impression de passer un examen.

ROBOT **(synonyme d'horreur).** Je le dis de toute créature qui se présente sous forme humaine mais se voit forcée d'agir comme une machine. Nous avons souvent les robots au téléphone, ils suivent à la lettre le protocole pour lequel ils ont été programmés. Nous les voyons aussi, à l'occasion ; ils s'approchent parfois si près que nous pourrions les toucher. Si nous osions.

SINGULIER **(si vous permettez).** Vient du latin qui signifie unique, exceptionnel. Par extension, s'applique à ce qui n'appartient qu'à un seul individu. Dans un monde qui s'uniformise, il devient de plus en plus mal vu de se singulariser. On se singe les uns les autres, cette société devient lisse et sinistre. Le milieu de la chanson ne fait pas mieux. Pour garder sa singularité, mieux vaut y entrer armé d'un caractère bien trempé et mû par des ambitions saines, donc mesurées. Comme l'a dit ce brave Albert Einstein, « il vaut mieux devenir un homme de valeur qu'un homme de succès ». Une maxime qui s'applique aussi à la femme.

LIBERTÉ ***(bis repetita).*** Possibilité de vivre avec indolence, de se singulariser comme les robots ne se permettent pas de le faire. Le seul moyen de vivre bien, selon moi, la seule raison de vivre tout court.

– 19 –

Paris, gare du Nord. Je me présente à la porte du train qui va me reconduire à Bruxelles. Polie, c'est bien la moindre des choses, je dis bonjour à l'homme en uniforme qui bloque l'entrée de la voiture et je lui tends mon billet. Il le vérifie, me le rend et me souhaite un agréable voyage. Sa politesse à lui. Je monte donc, je gagne ma place, en première – j'aime le confort et puisque je peux me l'offrir, pourquoi m'en priver ? –, je sors mon téléphone portable de mon sac, un livre, un carnet, un stylo, des fois que je m'ennuierais… Je n'en aurai pas le temps : le trajet entre la France et la Belgique ne dure pas assez longtemps, et je sais déjà que je vais avoir de la visite. Je sais même quelles phrases on va me dire, sur quel ton, et dans quel ordre…

– Désirez-vous réserver un taxi à l'arrivée ?

L'uniforme rouge, assorti aux sièges, disparaît aussitôt… Mais il va vite revenir.

– Désirez-vous une boisson froide ?

– Un mets salé ou un mets sucré pour l'accompagner ?

Je glisse un grain de sable dans la mécanique.

– Un de chaque, c'est possible ?

– Normalement non, madame. Mais je vous en prie.

Je suis sûre que je ne bénéficie d'aucun privilège et que l'uniforme répond de la même façon à tout le monde… Quoique je n'ai pas pu vérifier : aucun passager du train à portée de mon oreille n'a jamais demandé, comme moi, la faveur de deux « mets ».

Tiens, voilà déjà le robot qui revient à la charge.

– Désirez-vous une boisson chaude ?

Mes désirs, mes vrais désirs, je n'ose les formuler. Il ne s'agit ni de sucre ni de sel, ni de froid ni de chaud. Une image d'homme relativement nu traverse mon esprit, un homme qui sent bon l'after-shave un peu passé avec les heures, un homme dont la pupille me jauge et devine, sans avoir à me questionner, le moindre de mes véritables désirs… Les robots du train ne sont pas programmés pour le fantasme. Pourtant, j'aimerais en déshabiller un, au hasard, juste pour voir où s'enclenche la bande-son. Vérifier qu'ils ne sont pas des personnages de la série *Real Humans*[1] qui m'a tenue éveillée

1. Cette série suédoise créée par un certain Lars Lundström met en scène des androïdes plus vrais que nature qui tendent à prendre la place des humains dans la société. Glaçant…

pendant des heures la nuit précédente. Je voudrais déconnecter les fils qui les font sourire de la même façon, juste des lèvres, sans montrer les dents, avec la même inclinaison de la tête sur le côté droit, le même angle, au degré près. Je rêve que je suis l'héroïne qui les libère du sort que les têtes pensantes de la planète Consortium-Thalys leur ont jeté. Car sous ces uniformes, je n'en doute pas, se cachent des êtres capables d'entrer en contact avec moi. Fût-ce pour me foncer dans le lard. J'en rêve…

– Du sucré OU du salé, j'ai dit ! Vous ne voulez pas le cul de la crémière en plus ? Non mais c'est vrai quoi ? Pour qui elle se prend, la chanteuse ? Cake aux herbes ET tartelette, on croit rêver !

Hélas, le robot ne se rebelle jamais. Quoi qu'il pense dans le fond, s'il pense, il ne ménage pas mon tour de taille : il est programmé pour rendre le voyage agréable au passager, et le frigo du train est toujours bien garni, de toute façon.

Si j'étais devenue pharmacienne, j'aurais conseillé les clients sur les médicaments les plus adaptés à leurs symptômes et j'imagine que, pour la plupart, ils m'auraient écoutée. Horticultrice, je me serais débrouillée avec la terre et tout ce que j'aurais pu y faire pousser, je n'aurais pas été obligée de jouer un rôle, de faire semblant d'être quelqu'un d'autre, de faire semblant de n'être personne. Si j'avais été marchande des quatre-saisons, j'aurais simplement tendu ce qu'on m'aurait demandé, encaissé l'argent et rendu la monnaie, l'affaire aurait été simple. Chanteuse, j'ai fait des choix, je les ai exprimés et défendus, et si j'ai accordé mon attention aux objections, si j'ai fait des concessions, je suis toujours parvenue à mener ma carrière selon la ligne que j'entendais suivre : libre, singulière.

Je connais des chanteurs et des chanteuses-robots. Comme les serveurs du train, ils sont coincés dans l'uniforme que leur maison de disques leur impose. Il s'agit moins de morceaux de tissu et de phrases apprises par cœur que de titres qu'ils doivent enregistrer puis défendre en promotion. Ils donnent de la voix dans un micro éjectable. Si leur album n'entre pas rapidement dans les playlists des radios, les ventes ne décollent pas, et leur travail est remisé aux oubliettes avant même d'avoir été proposé au public. Le contrat est rompu, les puissants cravatés qui ne connaissent rien à la musique évoquent des « accidents industriels ». Les malheureux interprètes rentrent chez eux comme de vulgaires machines qu'on envoie à la casse dès la première défaillance. C'est une mésaventure qui arrive même à des artistes aguerris, des valeurs sûres de la variété. Je pense à Michel Jonasz, Alain Chamfort, Lara Fabian : pas n'importe qui, à ce qu'il me semble.

Je touche du bois chaque fois que j'y pense pour que cela ne m'arrive pas aussi, un jour, mais j'ai assez réfléchi à la question, je suis prête. Enfin… Je me persuade que je le suis, histoire de faire taire mon anxiété maladive. Évidemment, je souhaite poursuivre ma carrière dans les conditions dont je bénéficie depuis trente ans, mais au pire, je peux retourner chanter dans les clubs de jazz. Les publics restreints ne m'effraient pas. Je me souviens d'un soir, en 1986, au conservatoire de Lille : nous étions sept sur la scène, ils étaient cinq dans la salle. Nous avons tous fini ensemble au restaurant après le spectacle. Je me revois à Toulouse, face à vingt spectateurs, et je me rappelle un concert d'une intensité rare. La scène est mon métier, je trouverai toujours quelques planches pour l'y exercer.

Indolente, je ne travaille pas assez en amont de chaque album. Mais lorsque l'heure de s'y mettre est arrivée, je me montre assez précise, méticuleuse et exigeante pour compenser le temps perdu. Mon instinct finit de rattraper les dangers que me font courir mes excès de paresse. Au final, j'avance, je progresse. Dans le bon sens ou le mauvais, je ne sais pas, mais il est certain que je continue d'évoluer et que mes chansons en sont témoins. Pour les choisir, j'obéis à l'injonction de Toots Thielemans, un harmoniciste et guitariste de jazz belge reconnu dans le monde entier, et à juste titre : « Il faut faire confiance à la chair de poule », dit-il. J'y crois dur comme fer, c'est donc ainsi que je procède : je me penche sur les textes et les mélodies qu'on me propose, et je me fie à l'émotion qu'ils me procurent. Que je sois triste ou enjouée, rassérénée ou énervée, je passe ce que je ressens au filtre des émotions. Si le jus coule à la dernière phrase, à la dernière note, je donne sa chance à la chanson. Cependant, l'effet n'est pas forcément immédiat. Une chanson est comme une personne : il faut être prêt à la rencontrer, prêt à se laisser séduire et embarquer dans une relation au long cours. Une chanson est comme un chat : elle ronronne tant que vous vous tenez loin d'elle, mais dès que vous vous en approchez en la prenant dans votre voix, son poil se hérisse, elle sort les griffes, elle vous fuit. Une chanson est comme une robe que vous voyez dans une vitrine et dont vous pensez qu'elle ne vous ira pas. Vous l'essayez, c'est magique, elle vous sied à merveille au contraire, vous ne l'auriez jamais imaginé.

Chaque année, je reçois des centaines de titres dans ma boîte à lettres : sur CD, ou même parfois juste sur clé USB, sans le moindre bout de papier autour, et la clé file directement à la poubelle. Elles m'arrivent composées et écrites pour moi… ou dans l'espoir que je les fasse connaître en tout cas. Je n'ai même pas le temps de les écouter. Il faudrait que j'y consacre des heures par jour, or je n'en ai pas envie. Et pas besoin non plus : des auteurs et compositeurs que je connais depuis des années m'en proposent assez pour que je puisse prendre le risque, en n'ouvrant pas les enveloppes, de laisser passer une pépite. Je me tourne donc vers les auteurs qui savent me glisser dans les pattes un chat prêt à se laisser caresser, une robe sur mesure. Je pense notamment à Pierre-Yves Lebert et à Daran, qui m'ont offert *Ouvre* et *Trop forte* sur mon dernier album en date, mais aussi, auparavant, *Si aujourd'hui* et *Le Bonheur*. Des titres que j'aurai toujours envie de défendre sur scène, j'en suis convaincue.

Depuis peu, je m'autorise aussi à juger que les textes que j'ai pondus, moi, les jours de profonde inspiration – ou de grand courage, ou d'inconscience, allez savoir –, méritent également de figurer sur mes disques : cinq sur le dernier ! Les journalistes les ont comptés eux aussi, ils ont supposé que j'écrivais désormais parce que la maturité me rendait la chose plus facile. En fait, certains de ces textes attendaient depuis plus de dix ans dans mes tiroirs. La maturité me permet simplement de me comporter de façon singulière et d'assumer mes choix, plus que jamais. C'est un luxe, aujourd'hui, que tant de personnes obligées de travailler comme des robots n'ont pas. Un luxe dont je voudrais bénéficier encore et toujours, tellement j'exulte, sur scène, au moment de partager avec les musiciens et les spectateurs ces chansons que j'ai élues parmi tant d'autres.

Le temps de l'enregistrement de l'album, et même les semaines qui suivent sa sortie, on vit dans une bulle : on fait corps avec ce qu'on vient de produire, on ne réalise pas encore comment nos mots, nos notes, vont toucher le public. Mais lorsqu'on a dépassé son trac, qu'on y est, qu'il n'y a plus moyen de reculer, quand on se lance et qu'on découvre une salle pleine et attentive, prête à se laisser bercer, secouer, malmener même, il n'y a pas de plus grande jouissance. À l'instant qui précède mon entrée en scène, je me maudis d'avoir choisi ce métier, mon cœur bat la chamade, ma tête me semble sur le point d'exploser, mes jambes ne me portent pas. Je donnerais tout ce que je possède, alors, pour être pharmacienne, horticultrice, marchande des quatre-saisons… Robot derrière la caisse d'un magasin ou dans un train. Mais dès que les spectateurs joignent leurs mains pour marquer le rythme, je sais que je suis à ma place, et je bénis la vie.

J'ai un secret à partager. Ici, maintenant, un secret qui vaut de l'or puisqu'il m'a permis de réaliser mon rêve d'enfant. Quand j'avais sept, huit ans, je visualisais la scène de l'Olympia. J'étais dans ma chambre de la maison des ombres, ou bien allongée sous les feuilles d'un arbre dans le bois, je me voyais debout face à des centaines de spectateurs qui n'étaient venus que pour moi. Je chantais, ils aimaient ça. J'osais me figurer en train de chanter, et cette vision est devenue réalité. Mon secret, c'est de rêver les yeux ouverts que l'on atteint son but, quel qu'il soit. Et on l'atteint.

Il faut une sacrée dose d'ego et de narcissisme pour faire mon métier. Mais il en faut une dose à peu près équivalente, je pense, pour mener son existence comme on l'entend. Pour se fixer un objectif, professionnel ou autre, et déployer les moyens de le toucher du doigt. Pour trouver la force de s'adapter, de contourner les obstacles, accepter de revoir ses ambitions à la baisse et faire le dos rond, un temps, avant de repartir au combat. Pour ne rien renier, au final. Pour échapper aux uniformes et aux discours préétablis qui nous transforment en robots.

Pour être libre, il faut ne pas avoir peur des creux, des bosses, et même savoir se lancer dans un grand huit à l'occasion. Ne pas craindre la solitude ni d'être incompris. Ne pas se justifier sur tout, tout le temps, oser claquer des portes et ne pas revenir. Bien entendu, c'est facile à dire et à écrire…

BELGITUDE (mot inventé, que son auteur se fasse connaître). Se dit de tout citoyen belge cultivant l'humour, l'art de l'absurde et de l'autodérision, mais aussi une nostalgie de son pays dès qu'il le quitte. S'applique merveilleusement aux artistes et écrivains hypertalentueux Benoît Poelvoorde, François Damiens, Arno, Amélie Nothomb, au dessinateur Philippe Geluck, à l'entarteur Noël Godin – qui a eu la délicatesse de m'épargner jusque-là, pourvu que jamais je ne mérite ma tarte. S'applique aussi au chanteur Stromae, grave de figure, généreux de cœur. S'applique à moi, enfin, je ne permets à personne d'en douter. Toute notion de fiscalité mise à part, je note que certains Français mériteraient la nationalité belge, Depardieu notamment.

BELGÉCOISE (mot inventé par moi). Se dirait de toute personne qui serait à moitié belge, à moitié québécoise. S'appliquerait ainsi à moi puisque je me sens tellement bien au Québec qu'il me semble y avoir vécu dans une autre vie. Bien des Français me prennent pour une Québécoise, d'ailleurs, alors que je n'en ai pas l'accent... Quand aux habitants du Québec, ils m'appellent « la plus québécoise des Belges », autant dire qu'ils ne me renient pas. Il y a quelques années, j'ai affirmé à plusieurs reprises que je possédais un passeport belgécois. Et beaucoup m'ont crue !

CONTREPÉTER **(j'assume).** Devenir l'auteur, de façon volontaire ou non, de contrepèteries, cette figure de style consistant à inverser des syllabes de façon plus ou moins aléatoire et ayant pour conséquence la création d'une phrase ou d'un groupe de mots dépourvu de sens, ou pourvu d'un sens inapproprié, et souvent drôle. Ce verbe sans odeur mais non sans saveur se conjugue comme tout verbe du premier groupe et fait s'esclaffer les enfants de moins de dix ans, comme les honorables chanteuses de cinquante-quatre ans... Dans *Le Petit Maurane non illustré,* le verbe contrepéter donne lieu à un nom commun peu commun et pas si facile à placer dans une conversation. Je *contrepète*, je suis donc une *contrépetante*, voilà, c'est dit !

RIRE **(verbe joyeux).** Signifie, en gros, faire une grimace et du bruit. Retrousser les lèvres, montrer ses dents, y ajouter une forme de gloussement assez personnel et quelquefois gênant pour les autres comme pour soi-même. « L'homme est le seul animal qui pleure et qui rie », a affirmé Voltaire dans son *Dictionnaire philosophique*. Je n'en suis pas certaine : pour avoir vécu longtemps avec des chats, il me semble les avoir quelquefois surpris en train de rire de moi.

– 20 –

J'aime que l'on rie. Dans l'obscurité d'une salle de concert, attablés dans un restaurant, réunis autour d'une théière fumante dans mon salon, ou autour d'une, puis deux, puis dix bouteilles de champagne, j'aime que l'on rie. Que l'on rigole, qu'on se gondole, que l'on se poile, que l'on se torde, que l'on se marre, s'esclaffe, se fende la pêche, la pipe et la poire. Je m'emploie à créer les occasions, je ne refuse jamais celles qui se présentent. La vie est trop courte pour se lamenter, afficher une figure maussade, s'en vouloir de ce qu'on n'a pas réussi, du mal que l'on a infligé, ou pas su éviter de subir. Trop courte pour la culpabilité. Nous ne rirons jamais assez.

Hélas, je ne retiens pas toujours les blagues. On m'en raconte, je m'en délecte, j'en ris à gorge déployée, sans retenue, sans pudeur, sans crainte de faire du bruit ni d'être laide dans mon éclat, je me dis tiens, celle-là, ma vieille, il faudra t'en souvenir. Impossible. Elle s'échappe. L'avantage, lorsqu'on me la raconte à nouveau, c'est qu'elle ne me revient pas avant la chute. Je la découvre à chaque fois, avec le même plaisir, la même surprise juste entachée du regret de ne pas l'avoir retenue et donc de n'avoir pu, à mon tour, provoquer l'éclat de rire chez mon interlocuteur. Bien sûr, en tant que citoyenne belge – et fière de l'être –, habituée depuis toujours aux moqueries des Français – ils sont inventifs, en effet ! –, j'en garde quelques-unes dans la besace de ma mémoire. Rompue à l'exercice de la scène, je sais ménager mes effets de vocabulaire, les silences et la gestuelle, j'assure le show. Devinette : comment faire une excellente affaire avec un Français ? Réponse : on l'achète au prix qu'il vaut, on le revend au prix qu'il pense valoir. En bonne compagnie et pourvu que tout le monde soit d'humeur joyeuse, les dents se découvrent, les hoquets secouent les épaules, les rides se creusent… Un des convives enchaîne, « attendez un peu, j'en ai une bonne », on l'écoute, et rebelote. Le rire est comme un bon petit plat : plus savoureux lorsqu'on le partage.

Dans les cafés, les restaurants, les hôtels où je loge en tournée, ces hôtels qui me créent des cauchemars malgré tout le soin que le personnel met à m'accueillir, je regarde les serveurs dans les yeux, je guette la malice, l'humour, le grain de folie que je devine en effet là, souvent, mais qui n'ose s'exprimer : le manager, tout à fait sérieux quant à lui, peut se tenir n'importe où, en embuscade. Dans les ascenseurs, je n'évite pas les échanges. Dans les taxis, je ne fuis pas le rétroviseur intérieur. On n'est jamais à l'abri d'une conversation amusante, d'un mot surprenant, décalé, un mot qui tombe à côté de sa cible et qui prête à rire.

Sur scène, moi-même, j'en sors de belles qui ne sont pas toujours préméditées… Je me souviens d'un spectacle, il y a une dizaine d'années, sur la tournée appelée « L'heureux tour », qui commençait dans le noir par une ballade intitulée *Petites Minutes cannibales*[1]. Avant que les projecteurs nous éclairent, les musiciens et moi, j'entonnais doucement, comme une invitation : « Siffloter, promener nonchalant, arrêtez vos montres. » Au lieu de quoi j'ai chanté : « Siffloner, prometter non chameau » ! Je me suis avancée alors, puisque j'étais lancée, je me suis présentée face au public, hilare, peinant à poursuivre, mon corps tout entier était secoué par le rire, les musiciens eux-mêmes piquaient du nez sur leurs instruments pour ne rien laisser paraître de leur heureux trouble. Pendant plusieurs titres au début de ce concert, j'ai fait attention de ne pas croiser leur regard, notre complicité nous mettait en danger non de mort, mais de rire, et j'ai eu toutes les peines du monde à me concentrer à nouveau.

---

1. Chanson écrite et composée par Peter Lorne, © Léopard and Co.

Les spectateurs ce soir-là ont été cueillis par la surprise, je pense qu'ils se sont dit qu'ils avaient mal entendu et que j'étais sacrément heureuse de les trouver là, fidèles et attentifs. Oui, j'étais contente, en effet, reconnaissante comme chaque fois, et je les remercie pour leur indulgence… Un autre soir, sur le titre *Imagination*, je me suis interrogée : « Mais qui me parle ? D'où vient ce renard ? » Ce regard, bien sûr, ce regard ! Que venait donc faire un renard dans ma galère ? Même Brel a dû rire, de là où il se trouve, en m'entendant commencer *Le Plat Pays* par la formule suivante : « Avec la mort du nerf pour dernier terrain vague… » La mer du Nord de la version originale était plus appropriée, je l'avoue…

« Contrepétante » involontaire, je bafouille lors des intermèdes. Une formule aussi délicate que « Si je puis me permettre » se transforme en matière à rougir : « Si je puis me faire mettre… » Rhooo ! Maurane ! Reine du trou de mémoire, je commence parfois une chanson par le couplet censé la clore. J'avale des paroles, je les mâche et les digère le temps de quelques notes, elles ressortent de ma bouche telles des bulles de savon, légères et insaisissables, dans un mélange de finnois et de dialecte papou. Sur un air jazzy, ma syntaxe imaginaire et mon vocabulaire jailli de nulle part passent plutôt bien, je sauve les apparences. À peine mes lèvres esquissent-elles un sourire, un petit air de dire qu'on est bien, là, entre nous, que l'on s'entend comme il faut, que le présent nous comble. J'entretiens la douce mélancolie que le public attend de moi, et qui est en moi, en effet, mais qui ne m'étreint pas tout entière. Lorsque le spectateur ronronne d'aise, je lui grattouille le plexus par quelque blague que j'espère bien sentie. Quand il rit, je ris avec lui. Sinon, j'enchaîne le plus vite possible, c'est sauve et chante qui peut !

J'aime que l'on rie avec moi. De moi, j'apprécie moins. Cela arrive, hélas, comme cela arrive à chacun d'entre nous, parce qu'il est bien commode de maquiller sa méchanceté en humour. Or la méchanceté ne me fait pas rire du tout. Que l'on rie de moi, je l'accepte, et même je le provoque, à condition d'être la complice de la blague qui me tourne en dérision. Il y a de nombreuses années, la RTBF (la télévision belge) avait demandé à plusieurs personnalités du spectacle de se déguiser pour enregistrer un spot diffusé pendant les fêtes de fin d'année. Tant qu'à y aller, j'avais demandé que l'on m'attribue le costume le plus ridicule. Je me suis retrouvée en botte de radis, ma tête brune coiffée d'une espèce de bonnet rouge à pointe blanche. Et j'ai adoré ça, même si je trouve cette racine assez fade, par ailleurs… Un soir, plus récemment, je suis entrée sur scène en peignoir de bain, des charentaises aux pieds : j'avais joué à cap ou pas cap. Eh bien cap, évidemment ! J'ai présenté l'artiste chargé d'assurer la première partie de mon spectacle et je suis retournée dans les coulisses enfiler ma robe et mes escarpins. On est femme ou on ne l'est pas. Femme, et pas clown : dans le fond, je préfère amuser le public par ma conversation et en me sentant à peu près belle.

Après le spectacle, quelquefois, trop rarement, avec mes amis, mes proches, jamais de parfaits inconnus, je me laisse aller à rire trop. À rouler sur la moquette. À m'agripper le ventre pris par les crampes. À vouloir faire, sans plus tarder, mon testament. J'ai déjà cru, en effet, que j'étais sur le point de mourir de rire. Pour l'instant, c'est heureux, j'ai survécu, et chaque fois remis à l'éclat suivant l'urgence de convoquer un notaire.

AMOURS (au pluriel cette fois). Histoires de sentiments, de cœur qui bat, de pensée vagabonde, d'attention qui s'échappe, de peau qui frissonne, de ventre qui appelle. Rencontres à l'issue incertaine. Dangers que l'on accueille avec curiosité, envie, bonheur, situations périlleuses qu'on aimerait parfois éviter, mais dans lesquelles on se jette tête baissée. Je ne suis peut-être pas hyperdouée pour l'amour au singulier, mais pour les amours, ces relations plus ou moins longues grâce auxquelles on se sent tellement vivant, je suis trop forte.

DÉCALAGE (inévitable). Écart résultant d'un déplacement dans le temps, l'espace, les sentiments. En amour, il y en a toujours un qui aime plus que l'autre, ou qui croit aimer mieux, ou qui pense pouvoir exiger davantage. Les deux cœurs impliqués dans l'affaire se décalent alors. Dans l'interstice ainsi créé viennent se glisser déception, jalousie, amertume, tristesse, qui poussent et creusent, qui éloignent l'un de l'autre et l'autre de l'un. On ne peut s'aimer vraiment que tant qu'on reste sur la même ligne exactement. Un pas de côté, c'est fini.

– 21 –

Le prince charmant des contes pour enfants n'existe pas. Que l'on ne vienne pas me dire que je n'ai pas rencontré le mien : le concept même du bellâtre animé d'intentions pures est un mythe, une aberration, un non-sens total. Il n'est pas dans la nature de l'homme – ni dans celle de la femme, j'en conviens – de se comporter en héros. D'ailleurs le freluquet qui vient réveiller la Belle au bois dormant ne commet aucun acte héroïque : il fait sa petite promenade à cheval, saute à terre, se recoiffe, d'un seul coup d'épée il sectionne les ronces qui ont envahi le château pendant le siècle qui vient de s'écouler, et paf, puisqu'il tombe sur une blonde offerte, vierge et fraîche, il ne se pose pas de questions et il l'embrasse illico. Je n'ose imaginer l'haleine de l'ingénue. Le garçon n'a terrassé nul dragon pour cueillir la rose sur ses lèvres, il n'a résolu aucune énigme, il n'a écarté aucun péril. Il débarque juste on ne sait d'où, comme aimanté par la princesse endormie. Et il aurait fallu que je croie à une invention pareille ? Si je me suis identifiée à la Belle, enfant, c'est juste que j'avais compris ce qui m'attendait dans ma vie de femme : malveillance et jalousie, sang et douleur, ennui. Moi, à quinze ans, soit l'âge de la minette ronflante dans l'histoire de Perrault, je ne voulais pas passer par la période assommante de l'attente, de l'espoir languissant. Je refusais de chanter, comme Blanche-Neige, « un jour, mon prince viendra », et de faire gaiement le ménage jusqu'à cette arrivée providentielle. Moi qui étais du genre à prendre les devants, j'avais juste envie de faire l'amour, et si possible avec un homme d'expérience pourvu de poils aux pattes et d'un torse velu.

Je croyais que tout était possible. Qu'il était permis de tout faire, comme aller chanter dans la rue avec ma guitare, rentrer à pas d'heure, seule, après avoir arpenté la ville avec Dany, un garçon – que dis-je, un homme – qui avait presque deux fois mon âge. Permis de tout dire aussi, comme le mot « oui » à un photographe de trente-quatre ans, marié, gourmand de ma jeunesse et de mes cuisses replètes. Je le comprends : elles étaient douces, mes cuisses, et fermes, et ouvertes lorsque je croyais, en accueillant ce monsieur, pouvoir explorer le vaste domaine du sentiment amoureux. Je me trompais. Je voulais aimer. J'avais envie d'être amoureuse, de sentir mes joues s'empourprer et mon cœur battre fort, d'être Maria face à Tony dans *West Side Story,* Juliette face à Roméo, Barbra Streisand face à Robert Redford dans *Nos plus belles années*. Vivre une passion intense, fût-elle dévastatrice. Mais vouloir aimer ne servait à rien. Je l'ignorais alors : il ne suffisait pas d'en prendre la décision pour ressentir des papillons dans le bas de son ventre. Le désir sans amour ne m'apportait aucun plaisir.

La Belle au bois dormant jouit-elle lorsque le prince bandant lui fait l'un de leurs « nombreux enfants » ? Le conte ne le dit pas. À croire que ce n'est pas important ! Quel mari Charles Perrault faisait-il ? Madame Perrault en était-elle satisfaite ? C'est terrible, on ne le saura jamais…

Je viens de sortir un album sur la pochette duquel mon visage affiche un sourire de miel. Il se trouve en bonne place dans les bacs chez les disquaires, mon regard est tourné vers l'horizon, confiant. Je travaille à présent à cette confession écrite dans laquelle je m'expose sans protection contre les critiques, je livre tout de moi-même, de mes interrogations, de ce qui m'émeut, m'enthousiasme, m'inquiète. En musique et en mots, je donne tout ce que j'ai en moi. Et je ne sais pas ce qui me reviendra en retour. Quelles nouvelles rencontres vais-je provoquer ? Qui m'aimera demain ? J'entre chez les gens avec mes chansons, mes confidences, mais chez moi, dans mon lit-paquebot où nous pourrions loger à douze, je suis seule. Si nous n'étions que deux, je serais déjà bien heureuse…

J'aime que l'on rie lors de mes concerts, autour d'un dîner, d'un verre, pour un jeu de mots, un quiproquo, un malentendu, j'aime que l'on rie au lit, aussi. J'aime que l'on rie avant d'aller au lit… Avec Pat, le bel Irlandais de mes vingt ans, tous mes désirs furent exaucés.

Nous nous sommes rencontrés dans un bar, mais il ne le savait pas : coincée dans la salle entre deux minettes plus grandes, plus lumineuses, plus blondes que moi, je n'avais eu d'yeux que pour ce guitariste au physique de bûcheron viking. Je lui aurais bien demandé alors de m'emmener faire un tour dans son drakkar, je n'avais pas osé et lui, bien sûr, ne m'avait même pas remarquée. Quelques semaines plus tard, tandis que je maudissais encore ma mère de m'avoir forcée à faire installer le téléphone alors que personne de vraiment intéressant – c'est-à-dire aucun homme intéressé – ne m'appelait jamais, la sonnerie retentit. Je crus presque à une blague.

– Allô, Claude ? C'est Pat.[1]

– Oui ?

J'attendais d'être sûre que c'était lui, ou que ce n'était pas lui, avant de me ridiculiser.

– Dites-moi, Claude, je vous ai vue en concert l'autre jour, et je me demandais…

---

1. Mon nom de scène à l'époque était Claude Maurane.

– Ouiii ?

– Est-ce que vous donnez des cours de chant ?

Jamais de la vie. Franchement, je n'en avais même jamais eu l'idée.

– Bien sûr, Pat !

– Super. Alors vous voulez bien me prendre comme élève ?

Et comment… Pat est venu dans mon petit studio, j'ai partagé avec lui ce que je pouvais de mon savoir-faire, j'ai tenté de lui expliquer par des mots où la voix prend sa source – en bas, dans le ventre –, où elle puise sa force, au plus profond, le passage qu'elle emprunte, vers la poitrine, comme elle monte et peut jaillir, par les lèvres entrouvertes, seulement mes formulations ne lui permirent pas de bien comprendre. Je dus lui montrer, puis l'encourager à m'imiter ensuite. Placée contre son dos, mes mains plaquées contre ses abdominaux – que j'imaginais sous son petit coussin de buveur de Guinness plus que je ne les sentais –, j'ai dû rougir, forcément, avant d'ouvrir la fenêtre sous le prétexte qu'il fait tellement chaud, à Bruxelles, en novembre, c'est fou… Le soir même, j'étais invitée à dîner dans un restaurant portugais, j'ai proposé à Pat de m'accompagner, et comme son mariage battait de l'aile, et comme il n'avait rien de mieux à faire, il me suivit.

Je nous revois, aux petites heures du lendemain, si joyeusement éméchés, après le dîner et ses prolongations… J'ai encore dans la bouche le goût des croissants chauds et du café que nous avons pris dans un bistrot, puis le goût du premier baiser que nous avons échangé. Je nous revois plus tard dans la matinée : Pat insiste pour entrer dans une église. Il se trouve qu'allongé dans son cercueil de chêne, un homme dont nous ignorons tout attend qu'une messe soit célébrée en sa mémoire, après quoi il disparaîtra pour de bon. Pat ne se soucie pas de la présence du mort, et même, il tient à lui rendre hommage… En célébrant la vie. Une main posée sur le couvercle de la boîte, l'autre dans ma nuque, il m'embrasse. Nous sortons, hilares, tandis que la famille endeuillée n'en croit pas ses yeux.

Prince Pat n'a pas fini de me surprendre. Sa femme non plus. Un jour que mon amoureux et moi marchons gentiment dans la rue, une voiture derrière nous klaxonne, puis s'arrête à notre hauteur. Pat fait les présentations sans éprouver plus d'embarras qu'il n'en cause à Anne, sa légitime.

– Claudine, enchantée de faire ta connaissance ! J'ai préparé des pieds de porc. Tu viens dîner avec nous ce soir ?

Polie, j'ai apporté une bouteille. Encombrée de morale, j'ai préparé une confession. Entre la poire et le fromage, je profite de l'absence momentanée de mon amant.

– Anne, je dois te dire… Quand même… Je couche avec ton mari.

– Oh ! Oui, pas de problème Claudine ! Je suis sûre que ça lui fait beaucoup de bien, c'est chouette.

Ils étaient en train de se séparer, visiblement en très bons termes, aucun d'entre eux ne souhaitait faire souffrir l'autre : il s'agissait d'un divorce bien différent de celui qu'avaient connu mes parents, j'en étais éberluée.

Mon histoire avec Pat a duré près de trois ans, entrecoupés de périodes parfois longues de plusieurs mois pendant lesquelles nous ne nous voyions pas du tout. Pendant lesquelles nous vivions, lui comme moi, ce que nous avions à vivre musicalement et amoureusement. Nous nous retrouvions toujours avec joie, nous riions beaucoup, nous faisions la fête, nous chantions et dansions, nous nous séparions, parfois sans que je l'aie vraiment choisi. Pas du genre à dormir jusqu'à son retour, j'ai été bien méchante un jour : j'ai kidnappé son chien. Petrovich, brave labrador couleur charbon, demandait à arroser quelque pied de lampadaire alors que je m'apprêtais à rentrer chez moi, congédiée par mon amant avec qui je venais de me disputer.

– Je sors Petro, ai-je grommelé depuis l'entrée.

– Ouaih, c'est ça… a répondu mon Irlandais.

Le soir même, il m'appelait, de l'angoisse plein la voix.

– Claudine, tu sais où est Petrovich ?

– Non. Je l'ai ramené chez toi et après je suis repartie en claquant la porte.

Mon otage ronflait à mes pieds. Pendant trois jours, le chien et moi avons vécu ensemble dans le souvenir de Pat dont les caresses nous manquaient, quoique différemment, bien sûr, j'ai d'autres exigences qu'un labrador. Puis Petrovich profita que la porte de mon appartement était restée entrouverte pour filer. Je l'ai cherché partout dans le quartier, en vain. Et je me suis fait un sang d'encre. Enfin, après quelques heures au cours desquelles j'avais imaginé les pires scénarios catastrophes, et les aveux circonstanciés que je devais à Pat, le téléphone sonna de nouveau chez moi.

– Claudine ? Tu sais quoi ? Petrovich est rentré !

– Comment ça, il est rentré ?

– Ouais, là, à l'instant. En super forme. Tout seul, comme un grand.

Le chien avait parcouru les cinq kilomètres qui séparaient mon immeuble et la maison de son maître. Il avait évité les tramways, les bus, les voitures, il avait traversé des carrefours et ignoré les autres bêtes errantes pour filer tout droit retrouver son tapis et sa gamelle habituels. Une belle leçon de fidélité. Voire une belle leçon d'amour.

Il faudrait savoir aimer sans rien attendre en retour. Rien d'excessif. Il faudrait être capable de mettre en place un contrat, fût-il tacite, savoir en respecter les termes et ne jamais exiger le moindre avenant. Mais je n'en suis pas capable ! En amour pas plus que dans n'importe quel autre domaine, je veux tout, ce qu'il y a au-delà de tout, et parfois même son contraire. D'un autre côté, c'est bien ce qui rend la vie avec moi distrayante, remuante, intéressante.

Après Pat, j'ai connu Jean-Pierre, qui n'aimait que les filles minces : mon corps le rebutait. Il m'aimait, il me le répétait en pleurant, seulement mon corps était de trop. S'il m'avait été possible de changer d'enveloppe, je l'aurais fait sans attendre ses exigences, des années plus tôt. Je l'aurais fait pour moi. J'ai connu un autre homme pour qui je manquais de chair au contraire, je ne lui suffisais pas. J'en ai connu un autre qui ne m'encourageait pas du tout dans ma lutte permanente contre mon poids : grosse, et donc laide dans la perception que j'ai de moi avec vingt kilos de trop, j'étais peut-être davantage susceptible de rester avec lui ?

Puis j'ai connu Christophe, qui a partagé ma vie pendant trois ans. Lui m'aimait telle que j'étais mais ce qu'il me proposait ne me convenait pas : d'abord il se montrait jaloux de tous ceux qui s'approchaient de moi, et même de mes amies. Ensuite il aurait voulu que je vienne plus souvent chez lui alors que je ne pouvais pas m'y sentir à ma place. Depuis le décès de son épouse, la mère de ses enfants, rien n'avait changé, elle était présente dans chaque pièce, dans chaque objet, la maison tout entière était parfumée à L'Heure bleue de Guerlain. Chez lui, chez eux, je me sentais de trop. Il est toujours aussi cher à mon cœur, mais nous n'étions pas faits pour vivre ensemble.

Après Christophe et avant quelques autres, j'ai connu Pepito et trois ans durant, je me suis régalée de nos moments de complicité amicale et amoureuse. Nous avons beaucoup ri, et je l'ai dit, je ne conçois pas l'amour sans rire. Seulement Pepito, qui ne jugeait pas mal de se disperser entre plusieurs femmes, de me réserver les miettes de son amour, exigeait beaucoup de moi. En tout cas plus que ce que je pouvais lui offrir dans ces conditions.

À ceux que je nomme ici, j'ai conservé toute mon affection. L'attirance amoureuse s'est transformée en amitié mêlée de reconnaissance : avec chacun d'eux, c'était bien. Et avec chacun d'eux, je continue de partager des moments de franche poilade qui rendent l'existence plus agréable. Ainsi puis-je affirmer que je n'ai pas été si seule dans ma vie, au contraire : j'ai vécu de belles histoires, intenses, joyeuses, je me suis donnée entièrement et j'ai reçu beaucoup aussi. Mais je n'ai pas encore rencontré le mouton à cinq pattes, celui qui gagnerait mon amour et n'aimerait que moi sans demander ce que je ne peux pas garantir : une attitude raisonnable au quotidien, une personnalité dépourvue de ses excès, une forme de sagesse qui ne sera jamais mienne, je le sais.

Aujourd'hui, je suis devenue plus exigeante. Je ne tolère plus très longtemps qu'on me mène en bateau, qu'on me fasse lanterner, que mes désirs passent systématiquement en dernier. Peut-être l'assurance que j'affiche fait-elle peur aux hommes. Peut-être devrais-je baisser les armes, cesser de me protéger contre les coups avant même qu'ils me soient portés. Peut-être faudrait-il au contraire que j'inverse les rôles : que ce soit moi qui prenne les choses en main, qui embrasse la première. Seulement voilà : si les femmes recèlent des montagnes de contradictions, il me semble que les hommes ne sont pas très au clair avec leurs désirs non plus. Ils veulent se montrer forts mais revendiquent leur droit à la fragilité, ils veulent prendre des initiatives mais ils se plaignent quand nous sommes trop passives.

Lorsque j'aime, je ne suis pas capable d'établir une stratégie. Je me donne tout entière, tout de suite, sans précautions, je me jette à corps perdu dans l'état amoureux et les stades successifs qu'il engendre. Je me retrouve comme perfusée à l'autre, je me diminue, je me dévalorise, et s'il coupe le goutte-à-goutte sans prévenir, je me ramasse lamentablement : je n'ai rien vu venir. L'amour est pour moi un sentiment simple, un élan du cœur, j'aime et voilà tout. Mais les amours, elles... Dans quel bazar elles nous mettent...

J'aurais bien aimé croire au prince charmant. Mais pour me charmer, moi, il faut faire plus que me choisir, il faut être plus que disponible. L'homme idéal est drôle, artiste, sensible et viril, sensuel et fidèle, il aime la famille. Jeune maman, je fus amenée à lire à ma fille les innombrables contes dans lesquels une pauvre gamine se voit ramassée par un homme fort et puissant, j'ai dû aller jusqu'au bout : « Ils se marièrent et eurent beaucoup d'enfants. » Je n'ai jamais pu m'empêcher d'ajouter qu'« un ou deux, ce serait déjà pas mal… » D'expérience, je savais que les plus belles histoires pouvaient se concrétiser, en effet, par la naissance d'une petite merveille comme Lou. Je savais aussi qu'elles pouvaient s'achever autrement que dans les livres pour enfants, et qu'il ne fallait pas en avoir peur.

MOTS (au choix). Outils de langage parlé ou écrit grâce auxquels nous communiquons. Grâce auxquels, parfois, nous parvenons à nous comprendre. Parmi ceux que je connais, j'ai mes préférés : dense – homonyme de danse et qui rime avec intense –, velours, harmonie, vent, fantôme, mer, souffle, rêve et champagne pour ce qu'ils désignent. D'une manière générale, j'aime les mots qui, associés comme il faut, sont une autre forme de musique et racontent de belles histoires.

MÔ (moi, quoi). D'abord je me suis appelée Claudine, juste Claudine : dans le petit monde de la chanson bruxelloise, un prénom suffit. Puis Claudie Claude parce que cela plaisait à Manet. Ensuite Claude Maurane, en référence au metteur en scène Francis Morane, et avec une orthographe différente pour me distinguer du héros de bande dessinée avec lequel je partage peu de traits communs. Le prénom Claude a disparu avec le temps, le pseudonyme Maurane est resté, transformé par mes amis en Maumau, parfois, ou bien en Mau tout court, et que j'allège et chapeaute au bas de mes lettres, Mô. Les noms sont aussi des mots, ils racontent des histoires, libre à chacun d'y croire ou pas.

– 22 –

Il était une fois une princesse qui ne ressemblait pas aux autres princesses. Celle-ci était assez petite, brune, et pas particulièrement jolie. Attention, elle n'était pas laide non plus, loin de là, elle avait même un visage fin et expressif, des yeux brillants de malice, un sourire doux. Disons simplement qu'elle n'était pas belle au point qu'en la voyant, on oublie de supposer qu'elle recélait d'autres qualités : l'honnêteté, la générosité, la noblesse de son cœur, allez savoir quoi encore… Cette princesse-là n'était pas non plus fille de roi et de reine. D'accord, admettons, elle n'était pas vraiment princesse…

Reprenons, donc… Il était une fois une jeune femme ni belle ni laide, ni riche ni pauvre, et pas plus heureuse que malheureuse non plus. On l'appelait Mô. C'est un joli petit nom, Mô. Pour le prononcer, il faut joindre les lèvres comme lorsque l'on tend un baiser. Comme Mô aimait beaucoup les baisers, elle appréciait d'être ainsi nommée par ses amis, ceux qui ne lui donnaient plus du

Claudine, son véritable prénom, mais simplement la contraction de son nom d'artiste. Car Mô, comme n'importe quelle presque-princesse qui se respecte, vivait au Royaume de Belgique à l'époque moderne où les jeunes filles ne se contentaient plus de filer la laine et de broder de fragiles nappcrons destinés à prendre la poussière sur des buffets remplis de vaisselle qui ne servait jamais : non, pour s'occuper, mais aussi pour gagner sa croûte, Mô chantait. Elle avait commencé toute petite fille, naturellement, sans y penser. À peine sortie du berceau, elle avait envahi l'espace sonore de ses parents avec ses notes, et n'avait jamais cessé depuis. Au moment où se situe cette histoire, en l'an de grâce 1991, de plus en plus de sujets du roi apprécient la voix de Mô. Naguère, ils se sont déplacés jusque dans les tavernes pour l'entendre ; à présent, les plus fortunés d'entre eux paient pour s'asseoir dans un fauteuil et ne faire rien d'autre que cela : l'écouter et l'applaudir.

Ainsi Mô commence-t-elle à avoir du succès. Des journalistes citent son nom dans la presse, louent son talent – ça la flatte autant que ça la gêne –, ils promettent un bel avenir à son troisième album qui va bientôt sortir. Tout va donc à merveille pour Mô… à ceci près qu'elle est seule. En effet, si tout le monde aime Mô, personne ne l'aime en particulier. Notre presque-princesse, qui a peu d'exigence pour elle-même, n'espère même pas qu'un presque-prince se présente à elle. Elle voudrait un amoureux, juste un amoureux. Un garçon qui prononcerait son petit nom, Mô, en unissant ses lèvres, et qui les tendrait vers elle jusqu'à lui donner un baiser.

Un beau jour, Mô se rend aux Ateliers de la chanson, un palais où de jeunes artistes prennent des cours afin de se perfectionner et de ne point risquer, par quelque fausseté dans leur voix, de heurter l'oreille des sujets du royaume. Au détour d'une salle, elle entend une voix masculine grave et profonde entonner ce refrain :

Qu'est-ce qui te fait peur ?
D'où vient ce malaise ?
Qu'est-ce qui nous rend insatisfaits ?
En toi, y'a toutes les richesses
Et j'irai les chercher
Je veux te trouver par ma tendresse[1].

Ces mots, Mô les connaît parce qu'elle les a écrits elle-même quelques années plus tôt, pensant alors à un fiancé éphémère. À présent, c'est un autre beau jeune homme qui les chante afin d'exercer

1. *Qu'est-ce qui te fait peur ?,* musique de Claudine Luypaerts et Arnould Massart, © Saravah Éditions musicales.

sa voix. Il s'appelle Paul Villafranca, vivote grâce à un groupe de hard-rock et une société de portes blindées, il n'a rien d'un prince, pas même d'un presque-prince. Pourtant, Mô et lui vont s'aimer… Mais pas tout de suite.

– Il est trop beau pour moi, pense la jeune femme.

– Elle est trop forte pour moi, pense le jeune homme.

Pendant des mois, tous deux se cherchent et s'évitent. De tourelle à tourelle, ils s'envoient des messages par l'intermédiaire de leurs pigeons voyageurs. Pardon, puisque nous sommes à la fin du XXe siècle déjà – c'est fou comme le temps passe, pas vrai ? –, ils se téléphonent, et lorsqu'ils se croisent, à la faveur d'un dîner organisé par des amis qu'ils ont en commun, ou dans les couloirs des Ateliers de la chanson, ils passent ensemble un bon moment. Au fil du temps, il devient de plus en plus évident pour chacun d'eux que leurs âmes se ressemblent. Comme l'écrira quelques années plus tard un certain Peter Lorne dans une chanson que Mô portera haut dans les sphères du succès, « ça crève les yeux tellement c'est clair », ils sont faits « l'un pour l'autre »[1].

1. *L'un pour l'autre,* paroles et musique de Peter Lorne, © Peter Lorne.

Un soir, enfin, alors qu'une méchante fée a endormi la presque-princesse pour un siècle… Correction : un soir où Paul passe soutenir Mô, en enregistrement dans un studio Bruxellois, la belle invite le jeune homme à la raccompagner jusqu'à sa chambre « en tout bien tout honneur ». Elle insiste, elle cite la formule, sa vertu est en jeu.

– En tout bien tout honneur, n'est-ce pas ?

– Mais certainement, ma Dame…

Ce soir-là pourtant, ils partagent la même couche et quelques jours plus tard seulement, ils réalisent tous deux que leur histoire pourrait durer longtemps, comme celles des contes de leur enfance, et ils décident d'organiser un beau mariage. Ainsi, le samedi 13 juin 1992, alors qu'un franc soleil brille sur le Royaume de Belgique, ils convolent en justes noces à la mairie de Bruxelles d'abord, devant Dieu ensuite. Elle porte une robe de lin blanc cassé que gonfle un jupon : presque princesse, et déjà plus débutante, Mô n'a pas osé la crinoline. Paul, rebaptisé Pablo par sa promise, soucieuse de lui rendre ainsi ses origines espagnoles, s'est fait faire un costume d'un bleu marine qui tend vers le noir – l'anecdote retiendra que le père du marié, tailleur de profession, n'a pas apprécié la coupe de la veste qui seyait pourtant à merveille au presque-prince.

Tu m'as laissée maudire
Les fantômes et les vieilles rancœurs

Redonné le désir
Empêchée d'avoir peur
À dormir contre toi
Je n'serai plus jamais la même
Aussi doux qu'autrefois
Il y a mille ans que je t'aime[1]

« Il y a mille ans que je t'aime », chantait Mô en regardant son aimé. Chaque fois qu'elle le regardait, en effet, elle croyait se souvenir d'épisodes qu'elle aurait vécus dans une autre vie. De son mari, elle se sentait proche comme d'un frère. Elle souriait avec tendresse en pensant à Manet, sa chère grand-mère disparue, qui avait perdu petits deux enfants, prénommés Claudine… Et Paul.

Il était une fois deux jeunes mariés qui faisaient beaucoup la fête. Chacun menait sa carrière de son côté, mais lorsque leurs concerts respectifs étaient terminés, tous deux se retrouvaient au Mozart, un restaurant à l'atmosphère joyeuse tenu par un certain Remo Gozzi, homme clairvoyant s'il en fut puisqu'il appelait Mô « *la più bella ragazza* ». Lorsque les deux tourtereaux se disputaient, le magicien Remo versait un philtre d'amour dans le verre qu'il leur tendait. Et lorsque naquit la petite Lou,

1. *Il y a mille ans que je t'aime,* une chanson dont je suis auteur et compositeur, © Léopard and Co.

quelques heures avant la fin de l'année 1993, il fut parmi les premiers à les féliciter. En toute logique, il organisa la fête au cours de laquelle, six ans seulement après que leurs deux cœurs eurent commencé de battre à l'unisson, Mô et Pablo choisirent de divorcer. Divorcer… un vilain mot pour ce qui les concerne ! Disons plutôt qu'ils choisirent de ne plus vivre ensemble sans que l'issue de leur histoire ne soit entachée de rancœur et d'agressivité.

Il était une fois deux jeunes gens parmi tant d'autres qui se marièrent, eurent un enfant, et décidèrent de ne pas rester mariés. Ils vécurent alors heureux, chacun de son côté, et se félicitèrent toute leur vie de s'être retrouvés, fût-ce seulement quelques années au cours du XXe siècle, eux qui s'aimaient depuis mille ans.

FAMILLE (suite du dossier). Parmi l'ensemble des êtres avec qui l'on partage un patrimoine génétique et un patronyme, il en est parfois un, une, avec qui le dialogue ne se crée pas. Enfants, quand bien même on se brosse les dents au même lavabo, les épaules ne se frôlent pas, les regards ne se croisent pas dans le miroir, on grandit chacun pour soi. Un jour, on part dormir sous un autre toit, les possibilités de rencontres deviennent de plus en plus rares, il ne reste plus alors qu'à attendre un miracle. La famille, c'est vraiment un fichu dossier.

LORNE (prénom : Peter). Auteur-compositeur dont le talent n'a d'égal que le caractère : phénoménal. Nous nous sommes rencontrés à Montmartre lors de nos balbutiements artistiques, il avait déjà le verbe et la mélodie sûrs et généreux. Et l'humour qu'il fallait pour me plaire. Il m'a notamment offert les chansons *L'un pour l'autre, Ça casse, Warhol pour Monroe, Va maintenant, Ensemble* qui figure sur mon dernier album… Depuis trente ans, nous nous aimons et nous chamaillons comme chien et chat, comme frère et sœur. Mais toujours complices, et tellement malheureux lorsque nous sommes fâchés, nous finissons par nous pardonner nos excès. Et nous fêtons nos retrouvailles dans une débauche d'éclats de rire… Avant de remettre ça.

ORGUEIL (sans préjugés). Synonyme de plaie. D'entrave. De bêtise. Heureusement, laborieusement, je me soigne. Il faut bien que vieillir serve à quelque chose.

FRICHE (terrain des possibles). Se dit d'un lieu, d'un esprit, d'un cœur où rien ne pousse parce que personne n'y sème ni graines, ni idées, ni amour. Sur un terrain en friche s'élèvent parfois des herbes que l'on dit folles, ou mauvaises, comme dans une tête en friche peuvent naître des idées méchantes ou malsaines. J'ai toujours tendance à penser que la beauté, au contraire, est davantage susceptible de s'élever là où l'homme n'a pas marché, piétiné, sali.

GÉRARD DEPARDIEU (colosse). Dans la ville du centre de la France nommée Châteauroux, la terre fut assez fertile pour qu'y naisse un génie. Après qu'il eut atteint sa taille adulte, il se dirigea vers Paris où des gens bien inspirés lui offrirent de prendre racine sur des plateaux de tournage. Il devint ainsi l'acteur que l'on connaît, l'homme que l'on voudrait connaître mieux, et depuis quelque temps celui que l'on condamne. Autant dire qu'on le juge. Au nom de quoi ? Gérard Depardieu, colosse du cinéma, esprit indépendant, a cultivé la rose du non-conformisme sur la friche de sa personnalité. Évidemment, ça pique.

TRANSFRÈRE (création). Encore un néologisme, une invention vocabulystique dont je suis l'auteur. Elle m'est venue après un tournage au cours duquel l'ogre Gérard me réconcilia avec l'ogre Jean-Pierre, mon frère, sans même connaître l'existence de ce dernier. Gérard, trop fort.

– 23 –

Longtemps, lorsque j'étais enfant, on m'a vue devenir comédienne. Je montais sur les tables à l'école, et ce n'était pas par insolence : lors des temps morts entre deux leçons, lors des temps gris les jours de pluie, certains professeurs me passaient commande d'un divertissement. Je m'exécutais, ravie d'être ainsi mise en valeur. Je déclamais des vers ou bien j'improvisais un sketch, une scène dans laquelle je jouais tous les rôles, j'imitais les adultes qui nous entouraient et qui se reconnaissaient. Pourvu que je ne sois pas méchante, tout m'était permis. J'avais un don pour la comédie, je bénéficiais même d'une petite renommée au sein de l'établissement. « Claudine sera comédienne », affirmaient les profs comme les élèves, en tout cas elle pourrait. Leur prophétie ne s'est pas vraiment réalisée, sauf en quelques occasions puisque mon nom figure aujourd'hui au générique de cinq films, et seulement pour de courtes apparitions. Ça ne fait rien : dans ce domaine, je sais me contenter de peu. D'autant qu'une expérience parmi ce quinté m'a offert deux cadeaux inestimables : d'abord de connaître, même un tout petit peu, ce géant du métier qu'est Gérard Depardieu, ensuite des retrouvailles avec mon frère.

Jean-Pierre et moi étions fâchés. Pourquoi ? Pour des bêtises, sûrement, puisque je ne sais même plus de quoi il s'agissait. Nous ne nous parlions plus, comme si chacun de nous encombrait l'autre. Pourtant, il y a toujours eu de la place pour un frère dans mon cœur, et je sais que le sien est assez grand pour abriter deux sœurs. Peut-être Jean-Pierre est-il arrivé au mauvais moment, à la mauvaise place, juste entre nous deux. Une ponctuation inappropriée. Un intermède musical qui ralentit la composition au lieu de l'alléger. Peut-être était-il « trop » pour nous, ses parents, sa famille : trop entier, trop indépendant, trop gourmand d'expériences et de rencontres et de vie. Il est certain qu'il n'a jamais semblé vraiment heureux parmi nous. Jamais en paix.

J'ai peu de souvenirs de lui, enfant, sinon des moments douloureux, de punitions, de privations. Pour Manet et Loulou, il était le garçon qui posait problème : agité, instable, colérique. Indomptable en somme. Jean-Pierre n'était jamais d'accord avec rien ni avec personne, il manifestait son opinion par une débauche de bêtises, d'objets cassés, de mots déplacés. Parents et grands-parents le disaient « difficile, insolent, inadapté ». Inadapté à quoi ? À une place qui n'en était pas une, ni celle du grand, ni celle du petit, inadapté au rôle qu'on aurait voulu lui faire jouer, celui du fils toujours sage, celui du tampon entre l'aînée et la cadette, entre le père et la mère qui n'arrivaient plus à s'entendre. Je ne sais pas comment s'est déroulée l'enfance de mon frère. Nous sommes issus du même ventre, nous avons vécu dans les mêmes maisons, celle de la lumière, puis celle de l'ombre, nous avons, je n'en doute pas, éprouvé les mêmes joies et les mêmes chagrins. Nous avons dit non, sur le même ton, à l'enseignement dogmatique de la musique que la famille dans son ensemble tentait de nous imposer. Mais je ne sais pas quelle fut son enfance. Quels étaient ces mystères qu'il tentait de lever, à sa façon, violente, maladroite peut-être, à sa façon à lui. Trop jeune, occupée de moi-même, j'étais imperméable à la nature profonde de ce frère. Je ne le connaissais pas.

Mes grands-parents maternels ne voulaient pas s'occuper de lui, d'ailleurs il ne nous a que rarement accompagnés lors des vacances au bord de la mer. Dommage : ensemble, nous faisions de belles parties de chasse aux crabes dans les rochers, et j'en garde un souvenir ému. Où était-il alors, les autres étés ? Que faisait-il et avec qui ? Fabienne et moi ne nous posions pas ces questions, nous ne nous le permettions pas. Il était dit, décidé, admis, que Jean-Pierre était « à part » et qu'il y avait bien assez à faire avec nous, les filles, ma mère étant comprise dans le lot.

Lorsque Jean Becker m'a contactée, en 2009, pour participer au tournage de son prochain long-métrage, *La Tête en friche,* je n'avais pas adressé la parole à mon frère depuis plus de deux ans. Il me manquait, je lui manquais aussi, nous étions trop orgueilleux pour le reconnaître. Entre nous, que du silence, une distance que le temps ne cessait d'étirer à mesure que passaient les semaines, les mois, et la sensation de plus en plus pesante que tout retour en arrière était devenu impensable. Cette situation m'attristait, bien entendu, mais elle ne m'empêchait pas de vivre. Elle avait sa place dans la liste de mes échecs, un peu à la manière d'une histoire d'amour qui a pris une sale tournure et dont on ne sait dire qui, de l'un ou de l'autre, a rompu le premier. Seules importent les conséquences de la rupture, une nouvelle épreuve de la solitude, un goût amer dans la bouche et la nécessité de ne pas s'attarder. D'aller de l'avant, de se faire violence pour garder son cœur ouvert, d'accepter ce que la vie vous présente de bon.

J'ai dit oui à Jean Becker, bien sûr : on ne refuse pas une occasion de côtoyer, ne fût-ce que quelques jours, un être aussi rare que lui. Chacun de ses films en témoigne, ce cinéaste porte en lui ce que l'homme peut engendrer de meilleur : une générosité hors norme, une aptitude extraordinaire à la tolérance comme à la révolte. Et l'art de faire passer des messages avec une poésie qui me touche comme elle touche les millions de gens qui se ruent dans les salles lorsqu'il sort un nouveau long-métrage. La gentillesse et la simplicité sont deux valeurs qui ne font pas recette dans la société actuelle où l'on favorise les rapports de rivalité, le bruit, la fureur. Sous le prétexte d'encourager la combativité qui permet de progresser, on légitime le fait d'écraser quiconque se place sur votre chemin. Pour ses personnages, Jean Becker préfère les confidences au bord de l'eau. Les nappes à carreaux sur les tables des bistrots. Les têtes pas forcément bien faites à l'extérieur, mais joliment remplies à l'intérieur. Les âmes imparfaites, mais pures.

Il m'a choisie pour servir des verres. Affublée d'une robe en cotonnade peu destinée à me mettre en valeur, je me suis retrouvée derrière un comptoir, un torchon à la main, surveillant de loin les parties de belote, ajoutant mon grain de sel dans les conversations. Dans mon café passaient, entre autres, Patrick Bouchitey et Jean-François Stévenin, habitants du village. Venait aussi le dénommé Germain Chazes, incarné par Gérard Depardieu.

Je me souvenais de lui, bien sûr, de l'homme, et pas seulement de l'acteur qui m'avait tiré les larmes dans *Uranus* ou *Cyrano de Bergerac* : je l'avais rencontré dans les coulisses du Théâtre Marigny, en 1988, alors que j'avais repris le rôle de Marie-Jeanne dans la comédie musicale *Starmania.* Il était venu voir le spectacle avec sa femme et ses enfants, Julie et Guillaume, il se montrait doux avec tout le monde, docile, patient, loin de la grande gueule toujours en mouvement que l'on connaîtrait plus tard... Je ne l'avais pas revu avant cet automne 2009, lorsqu'il est arrivé à Pons, en Charente-Maritime, où Jean Becker avait organisé le tournage de son film. Dès le premier jour, Gérard a débarqué avec des caisses de vin et de bons petits plats à partager entre tous, acteurs et techniciens. Lorsqu'il m'a vue les rejoindre, il m'a interpellée comme si nous nous connaissions intimement depuis toujours.

– Ah, Maumau ! Comment tu vas ?

Il se montrait pareillement familier avec chacun d'entre nous. Il portait une grande chemise blanche déboutonnée sur le poitrail, il multipliait les gestes larges, ouvrant les bras pour accueillir les participants et les convier aux agapes. Il se montrait plus que chaleureux : fraternel. Au cours de la semaine de tournage pendant laquelle toutes mes scènes avaient été regroupées, j'ai souvent croisé son regard bleu acier, bleu tendre. Nous nous tenions au bar, moi derrière, lui accoudé au comptoir, j'obéissais aux injonctions de Jean Becker, une fois, deux fois, vingt fois, car je m'y prenais parfois mal, et Gérard m'encourageait. Il me rassurait, même, sur ma capacité à contenter le metteur en scène. J'appréciais sa gentillesse et son professionnalisme. J'aimais tout autant sa façon de me provoquer : il n'avait pas d'autre but que de faire jaillir de moi l'expression ou le ton que tout le monde sur le plateau attendait. Cet homme est doué d'une intelligence instinctive hors norme. Il renifle les gens, comme un animal, et il s'adapte à eux. Grâce à lui, j'ai compris qu'être acteur, ce n'est pas jouer. C'est être.

Gérard Depardieu est. Quoi que l'on puisse penser de lui aujourd'hui, il est, je l'affirme. Il est, en toute humilité, avec simplicité, comme on respire. Gérard n'avait pas besoin de la moindre fraction de seconde avant de tourner. Dès que les mots « moteur » ou « ça tourne » parvenaient à ses oreilles, il se transformait en Germain, la première prise était la bonne. Il ne se vantait pas de savoir faire, il ne méprisait personne, il avait l'air tout simplement heureux parmi nous. Moi qui me trouvais si maladroite dans mon rôle, lorsque je lui servais un café et une réplique, derrière mon comptoir, lorsque je croisais ses yeux bleus, son regard curieux, intelligent, je me sentais déjà mieux.

– Oui, Maumau, c'est bon, m'assurait-il à mi-voix.

Comme un grand frère aurait pu le faire. Comme mon frère, j'en suis certaine, l'aurait fait pour moi à maintes occasions s'il s'était senti tranquille, lui aussi.

Dans ce film, c'est lui, Gérard, qui a « la tête en friche » : personne ne lui a rien appris, aucun adulte n'a pris la peine de le nourrir intellectuellement ni spirituellement. Il a grandi, il est devenu adulte, mais son esprit est demeuré à l'état sauvage. Dans cette belle histoire adaptée d'un roman éponyme de Marie-Sabine Roger, il rencontre une vieille dame – splendide Gisèle Casadessus – qui va partager avec lui son goût pour la lecture, et au-delà des livres, pour les idées. Pour la poésie aussi. Et l'on assiste à la naissance de Germain. Il a cinquante ans, les habitants du village, confondant intelligence et culture, le prenaient pour un idiot sans volonté : ils découvrent un être pensant, humble toujours, mais humble, surtout, d'avoir compris qu'il ne savait rien.

Jean-Pierre n'apprécie pas tellement que je parle de lui publiquement. Peut-être ne lui ai-je pas assez dit comme je suis fière de lui, de son parcours, ni comme j'aime sa personnalité entière, sa générosité. Il est venu chez moi, longtemps après la sortie du film, il est venu, enfin, alors que nous n'avions plus de contact depuis quatre ans. En entrant dans mon bureau, il est aussitôt tombé sur une photo de Gérard Depardieu et moi, côte à côte sous la lumière blanche de Charente-Maritime. Il s'est étonné.

– Ah tiens ? Et tu le connais bien, Depardieu ?

Je me suis entendue lui répondre ceci, que je n'avais pas même formulé pour moi-même jusqu'alors :

– Quand je l'ai vu pour ce tournage, tu m'as encore plus manqué.

J'avais fait un « transfrère ». En Gérard, dans sa démesure, sa brutalité, son corps écrasant, trop grand pour être tenu, trop tout, j'avais vu Jean-Pierre et je m'étais souvenu, moi qui m'étais permis de l'oublier, que je l'aimais. Et Jean-Pierre, c'est heureux, m'a prise dans ses bras.

Il avait fallu tout ce temps. Il avait fallu que nous devenions plus qu'adultes, parents d'adultes à notre tour, que nous ayons un peu appris la vie, et compris que nous ne finirions jamais de balbutier notre relation. Ce jour-là, mon frère et moi avons décidé de nous entendre : nous n'avons qu'une vie, et des fois qu'elle serait courte, autant ne pas perdre de temps à nous ignorer pour des broutilles. Désormais, avons-nous arrêté, nous serons bons amis. Nous nous permettrons de ne pas être d'accord, à l'occasion, nous raccrocherons peut-être le téléphone sur un coup de tête, nous grognerons et mordrons comme des roquets si les mots viennent à nous manquer, mais nous nous interdirons de rester absents l'un pour l'autre au-delà de la dispute. Preuve qu'aux cœurs vaillants, rien n'est impossible : jusqu'à présent, nous y sommes parvenus.

Jean-Pierre a grandi le cœur en friche. Moins docile que ma sœur et moi, plus rebelle et dépourvu de patience, il n'a pas cherché à se faire une place parmi les Luypaerts. Nous étions enfants, et, je l'ai déjà raconté, notre famille était en chantier : un père ici, une mère là, des grands-parents aimants, mais abusivement présents, sans doute… Jean-Pierre s'est débattu comme il a pu sur ce terrain escarpé. Dans le bruit, le mouvement, en prenant son indépendance, en quittant même un temps notre pays, en travaillant humblement, en traçant son chemin tout seul, courageusement, il est devenu celui qu'il était enfant mais que nous n'avons pas su voir : une belle et bonne personne… Même s'il est resté caractériel, voire sanguin, rancunier.

Dans le film de Jean Becker, Gérard/Germain cite une phrase de Romain Gary : « On revient toujours gueuler sur la tombe de sa mère comme un chien abandonné. » L'écrivain disait là qu'après avoir été aimé si fort par sa mère, il souffrait de ne jamais être aimé suffisamment par les femmes de sa vie. Faudrait-il ne pas montrer à nos fils que nous les adorons pour qu'ils ne soient pas déçus, ensuite ? Heureusement pour moi, c'est une fille que j'ai eue…

Aujourd'hui maman et Jean-Pierre ont un mal fou à se pardonner. Chaque fois qu'ils se retrouvent, chacun pense avoir fait le pas vers l'autre, puis chacun se drape dans son honneur. Elle a dit « mon fils je t'aime », il a dit « maman je t'aime », mais ce n'est jamais assez. Ni l'un ni l'autre ne parvient à se montrer assez magnanime pour gommer la distance qui les sépare. Sur la friche sentimentale qui l'a vu grandir, Jean-Pierre est devenu un homme aimant. Dans la répétition de ses échecs amoureux, notre mère a cumulé des montagnes de tristesse. Je sais bien, moi, la sœur, la fille, qu'il n'y a plus aucune raison qu'ils ne se retrouvent pas : maintenant que le temps a passé, il n'est plus question d'avoir raison ou tort, mais seulement d'être là l'un pour l'autre. Et s'ils ont seulement compris que l'amour au sein d'une famille est à la fois solide comme la roche et friable comme l'argile, alors cela doit suffire.

FILLE **(celle que je fus).** Personne de sexe féminin, future femme. Généalogiquement parlant, descendance d'une femme. Un prolongement de cette dernière, un troisième bras, le onzième doigt, une deuxième âme. Il est difficile d'être une bonne fille pour sa mère. On tâtonne, forcément, et il faut des années avant de saisir toute l'importance de son rôle. Peut-être faut-il passer soi-même le cap de la maternité.

MÈRE **(celle que je suis devenue).** Devenir mère, c'est moins faire naître qu'accepter l'enfant qui est le vôtre. C'est veiller, nourrir, chérir, admirer, adorer cet enfant plus qu'un dieu. C'est l'aider à prendre conscience de ses qualités et de ses défauts pour qu'il se sente fort et qu'il progresse. C'est couper le cordon, accepter la distance, reconnaître à cette personne, ce prolongement de soi, le droit à une indépendance totale. Et pourtant, encore et toujours, être mère, c'est être là.

– 24 –

Je la revois, dans son bain, tapotant l'eau du plat de sa main. *Plaf, plaf… Plaf.* Elle y va doucement, elle n'éclabousse pas le carrelage. Elle écoute à peine le bruit des clapotis, elle ne parle pas non plus : le menton posé sur ses genoux repliés, le regard perdu dans les vagues de mousse, elle réfléchit intensément. Elle a trois ans, à peine. Moi, appuyée au lavabo, je la surveille : qu'elle ne glisse pas, qu'elle ne se fasse pas mal, qu'elle ne se noie pas, comble de l'horreur. Cette manie d'imaginer toujours le pire… Je tremble à l'idée que la mélancolie la gagne, déjà. Je la sors de sa rêverie.

– À quoi tu penses, ma chérie ?

– Oh… À ma vie.

Sa vie ! Trois petites années. Moins de trente-six mois, quelque chose comme un millier de jours. Une broutille. Et déjà l'heure du bilan ? Je ne peux m'empêcher de sourire.

Plaf, plaf… Soudain Lou lève les yeux vers moi.

– Je suis une fille compliquée, hein, maman ? Parce que ça existe, une fille pas compliquée ?

Je voudrais tout lui dire. Que la marche du temps et le caractère changeant des hommes rendent l'existence exaltante et périlleuse à la fois. Qu'elle doit se préparer à pleurer de joie, mais aussi par la faute de chagrins trop grands pour elle. Qu'elle sera trahie, trompée, délaissée, à moins qu'elle sache bien juger les gens et deviner ce dont ils sont capables, qu'elle devra apprendre à anticiper les coups. Mais aussi que tant d'émotions, de rencontres, de voyages et de découvertes réjouissantes l'attendent. Pour l'instant, je ne lui dis rien. Je ris de bonheur. Parce que c'est tout de même fabuleux qu'un petit bout de femme qui n'a encore rien expérimenté des vicissitudes de l'existence se pose des questions existentielles.

Elle est arrivée si simplement dans ma vie. J'ai rencontré Pablo et très vite, nous avons su que nous aurions un enfant, que cet enfant serait une fille et que nous l'appellerions Lou. Nous ne l'avons pas décidé, nous ne l'avons pas projeté, nous ne l'avons même pas espéré : nous l'avons su. Nous aurions pu le graver dans l'écorce des arbres, comme les amoureux jeunes et romantiques sûrs de leurs équations : Pablo + Claudine = Lou.

Mon mari et moi l'avons attendue à égalité. Bien sûr, c'est dans mon ventre qu'elle logeait – et Pablo en était un peu jaloux –, mais je crois qu'il la portait en lui à chaque instant de la grossesse. Il s'en est emparé dès que je lui ai annoncé la nouvelle. J'étais au Havre ce soir-là, dans le cadre de la tournée qui suivait la sortie de mon troisième album. J'avais été prise de nausées quelques jours plus tôt, juste avant d'entrer sur la scène de l'Olympia. Dans mon entourage, plusieurs personnes m'avaient dit que j'étais enceinte, forcément, ça ne pouvait être que cela. Je n'y croyais pas. Jusqu'au petit test magique, le pipi sur le bâtonnet, les deux traits bleus qui annoncent le résultat positif. Cela me paraissait tenir du miracle. Des femmes enfantaient depuis des millénaires, elles grossissaient, elles accouchaient, elles nourrissaient, aimaient, élevaient des enfants, et à présent c'était mon tour. Sauf que de cela, je ne m'étais jamais crue capable, et pas à cause de mon corps, cette fois : avec Pablo, il ne m'était pas de trop. Je me trouvais belle dans son regard. Il nous aimait, mon corps et moi. Ainsi, mon corps et moi ne faisions-nous qu'un. Enfin, nous nous entendions bien.

– Allô, Pablo ? Il faut que je t'annonce quelque chose.

Il se trouvait dans le Sud-Ouest où il répétait avec une troupe aussi nombreuse que joyeuse *Les Années Twist,* une comédie musicale sur les yéyés.

– Dis-moi, qu'est-ce qui t'arrive ?

– Je te le dis mais attention, ne t'emballe pas, c'est trop tôt. Et surtout tu n'en parles à personne, d'accord ?

– Promis, je n'en parle pas ! Alors, cette nouvelle ?

– Je suis enceinte.

Dans le silence qui suivit, je sentis les ailes d'un ange me chatouiller la nuque. Puis j'entendis la voix lointaine de Pablo, tourné vers ses camarades :

– Eh les gars ! Je vais être *papaaaaa* !

Pour la discrétion, c'était raté. Mais pour la manifestation de bonheur, je fus servie. Mille fois pendant ma grossesse je me suis inquiétée – notre bébé était-il en bonne santé, tiendrait-il au chaud jusqu'au bout, est-ce que je ne mangeais pas trop, ou pas assez au contraire, aurait-il bien deux bras et deux jambes à l'arrivée ? – et mille fois Pablo m'a rassurée. Lorsque j'oubliais ce que nous savions depuis le début de notre histoire, lorsque je doutais de moi et de nous, il me remettait les certitudes en place. Et dès la naissance de Lou, comme je pouvais m'y attendre, il l'a couvée de tout son amour. Heureusement qu'il était là pour elle, parce que je n'ai pas pu tenir mon rôle : j'ai fait une hémorragie quelques jours après être rentrée à la maison avec elle, et j'ai dû être hospitalisée et transfusée, longuement. Je suis revenue épuisée, très atteinte moralement : pendant des mois dans l'impossibilité d'allaiter ma fille, de me lever chaque fois qu'elle réclamait de l'attention, il me semblait que je n'étais pas vraiment digne d'être mère. Pablo faisait tout son possible quand il était à Bruxelles, mais il a enchaîné *Les Années Twist* avec un autre spectacle, de Roger Louret toujours, *Les Z'Années Zazou*, et il ne pouvait pas se couper en deux.

Pendant quelques années, ma mère a vécu avec nous, elle a été une grand-mère formidable et un soutien précieux pour moi, mais j'imagine que les choses n'ont pas été simples pour mon mari : entre la cohabitation avec sa belle-mère, ma dépression post-partum et l'énergie que demande un enfant, il ne restait pas beaucoup de place pour l'homme et l'artiste désireux de bâtir sa carrière, ni pour notre couple déjà usé par le quotidien. J'étais incapable de supporter la vie sous le même toit. Je n'aimais pas la routine, l'obligation de dormir dans le même lit. Lui se sentait prisonnier, et peut-être pas aussi nécessaire qu'il l'aurait voulu : ma mère, ma fille et moi formions un trio parfaitement efficace. Lorsque Pablo jouait loin de nous, nous nous passions très bien de lui sur le plan matériel, notre organisation était rodée. Quand il rentrait finalement, dans la maison que j'avais achetée toute seule et dans laquelle il ne possédait rien, ou pas grand-chose, il se sentait peut-être un peu de trop.

Nous nous aimions depuis mille ans, c'était assez. Nous avions conçu une enfant magnifique : l'objet de nos retrouvailles était accompli. Que restait-il à faire ensemble ? Un jour, nous nous sommes attablés tous les deux dans un grand café parisien, et nous avons décidé de ne plus dormir dans le même lit, même si nous conservions la même affection l'un pour l'autre. Je suis rentrée chez nous, c'est-à-dire chez moi, à Bruxelles, j'ai expliqué la situation à Lou sans passer par la Pologne pour aller à Dublin. Elle a un peu cherché son père, puis elle a compris que nous avions désormais un autre style de vie et qu'une autre forme d'amour n'en était pas exclue.

Comme mes parents s'étaient séparés lorsque j'étais enfant, je me suis séparée du père de ma fille. Lou a-t-elle souffert ? Certainement, mais moins que moi, j'en suis sûre, parce que Pablo et moi avons su rester plus que des amis : comme un frère et une sœur. Il a rencontré une nouvelle compagne, il a eu un fils, Victor, qui est bien plus qu'une moitié de frère pour Lou. Pendant des années, nous sommes partis en vacances tous ensemble, Pablo et Marie, que j'aime tendrement, leur fils, mais aussi mon compagnon du moment, Christophe, et ses enfants, Blanche et Martin. Et Lou, bien sûr… Nous formions une de ces familles recomposées qui choquent les coincés bien pensants convaincus de savoir ce qui est bon pour toute progéniture. Je ne prétends pas que j'ai toujours agi comme il le fallait, Pablo non plus, mais au moins pouvons-nous assurer une chose : nous avons mis tout notre cœur à aimer Lou, et jusque dans les erreurs que nous avons commises en l'élevant.

Face aux épreuves qui se sont présentées à elle, elle a réagi comme elle a voulu, comme elle a pu, elle a fait sa propre expérience de la douleur et des alternatives qui s'offraient à elle. C'est un bon petit soldat de la vie. Elle poursuit son chemin. Elle s'est même habituée, je crois, à avoir pour parents des chanteurs un brin excessifs, et pas forcément présents.

Petite, déjà, elle en avait pris son parti. À l'heure de partir chanter quelque part, je pleurnichais dans ses cheveux que je ne voulais pas la quitter. Je la couvrais de baisers, lui promettais mille cadeaux à mon retour, lui faisais promettre de m'appeler chaque soir. Elle m'expédiait :

– C'est bon, maman, allez… Va faire ta petite tournée !

Et elle se remettait à aligner ses cubes, elle créait des suites avec les chiffres qui étaient écrits dessus, elle construisait des tours, des formes géométriques. Elle mettait de l'ordre dans sa vie.

Dans les magasins, j'avais un mal fou à résister aux peluches qui me paraissaient toutes plus douces les unes que les autres. J'emmenais Lou pour qu'elle en choisisse une, je voulais toujours en ajouter deux ou trois dans le panier. Là aussi, elle me reprenait.

– Mais non. Tu m’as déjà acheté une énorme souris, ça suffit.

Elle était ferme. Elle l’est restée. Ce que j’aime le plus en elle, c’est son indépendance d’esprit. Elle ne se laisse pas avoir par ces voix qui tentent de nous faire croire que la vérité c’est d’être tous pareils, lisses, sages et obéissants… Comme des robots. Elle refuse obstinément l’imitation, la tricherie, la manipulation. Lou s’intéresse à tout, elle est attentive à toutes les pensées qui s’expriment autour d’elle, dans le monde universitaire – elle est étudiante en sciences politiques – et dans les médias, mais lorsqu’elle entend un discours qui lui déplaît, elle se fige un instant… Puis elle explose, sans formes et sans détours. Lou possède assez de confiance en elle pour ne pas chercher l’adhésion du plus grand nombre. Quand elle désapprouve, quand elle n’aime pas, elle ne consent à aucun effort. Pourtant, elle doute, c’est certain… Et c’est ce qui la rend belle, et profondément humaine.

Lorsque j’ai tenu ma fille contre moi pour la première fois, je lui ai dit : « Tu sais, je m’attendais à toi… » Dans son regard bleu clair, j’ai cru percevoir, bien souvent, qu’elle a vécu d’autres vies avant celle-là. Parce qu’elle était capable, à trois ans à peine, de me dire qu’elle se trouvait compliquée, comme fille. Parce qu’elle est parfois plus adulte que moi. Parce qu'elle est déjà tellement parfaite alors que je rame à contre-courant pour progresser.

Un jour, peut-être, Lou se mariera. Un jour, elle aura un enfant. Aujourd'hui elle dit qu'elle en veut cinq. Elle a le droit de changer d'avis. J'imagine qu'elle en est consciente, mais autant que ce soit écrit ici noir sur blanc : Lou, comme toute jeune femme qui émet des désirs et qui n'a pas encore été confrontée à la vraie vie, a le droit de changer d'avis. Mais au cas où, en effet, viendrait un petit, puis deux, voire trois ou quatre ou cinq, qu'elle sache qu'elle peut compter sur moi comme ma mère a pu compter sur Manet, comme j'ai pu compter sur ma mère.

Lou est mon trésor. Toutes les mamans, certainement, se disent un jour en observant leur enfant qu'il est ce qu'elles ont de plus précieux, que rien ne pouvait arriver de plus beau à l'humanité que la venue au monde de cet être-là, encore fragile et capricieux, et pourtant parfait. Toutes les mères sont fières de dire : j'ai fait cette merveille, moi. Moi presque toute seule, j'ai créé cette splendeur. Comme toutes les femmes qui ont eu un enfant, je me suis épatée. Comme toutes les mères, je tremble pour elle, à chaque instant, parce que je crains qu'elle souffre comme j'ai souffert, comme je souffre encore souvent.

Voilà pourquoi je voudrais tout lui dire. Alors je lui ai écrit une chanson, un texte que j'ai gardé pendant des années à l'ombre sous une pile d'autres textes moins inspirés, et que j'ai finalement enregistré l'an passé pour qu'il figure sur mon dernier album.

Je voudrais tout te dire
Pour que tu aies moins mal
Moins de peine
Moins longtemps
Je ne veux pas mourir
En laissant les mains sales
Des brûlures dans ton sang
Envie que tu respires
L'air du large enivrant
Sans te perdre et languir
À la guise des vents
Attirants
Tu es mon amour ma vie
C'est si bon quand tu souris…[1]

Une chanson ne sera pas de trop. Je n'ai pas fini de parler à Lou. De l'encombrer de mon amour. D'être là, près d'elle, trop là, trop moi. Trop mère, et parfois pas assez.

Je voudrais tout lui dire. Mais tout, c'est comme le reste : c'est trop.

1. J'en ai coécrit la musique avec Sylvain Goldberg. © Léopard and Co/New Frontier Films.

P*LUME* **(d'Henri Michaux).** Dans le recueil de textes poétiques publiés par l'écrivain et poète surréaliste en 1938, un personnage sans épaisseur simplement appelé Plume vit toutes sortes d'aventures ordinaires et invraisemblables à la fois. Ainsi, au restaurant, commande-t-il une omelette alors que le plat ne figure pas à la carte. La suite : les policiers et les pompiers arrivent, Plume présente ses excuses. Il dit avoir commandé une omelette sans y penser, et l'avoir goûtée de la même manière… J'ai connu un homme qui me faisait penser à Plume. Un homme gris, sous un chapeau gris qu'il levait légèrement lorsqu'il croisait quelque connaissance, avant de passer son chemin. Il cachait sa fragilité sous une austérité de façade, beaucoup s'y sont laissé prendre. Un homme qui traversa sa vie avec discrétion, sans autre ambition que de faire les choses bien, sans souci de reconnaissance ni de fortune. Mais avec une exigence que le Plume de

Michaux n'avait pas. Les murs du conservatoire de Verviers s'en souviennent, ma sœur Fabienne aussi.

PAPA **(exemplaire unique)**. Petit nom que les enfants donnent à l'homme qui concourut à les mettre au monde et/ou à les élever. Il peut être blond, brun, roux, chauve, grand, petit, gros ou maigre, on s'en fiche, pourvu qu'il nous aime. Il peut être sérieux, ennuyeux, boudeur, ou au contraire fantasque et joyeux, ou tout cela tour à tour. On s'en fiche, parce qu'on l'aime.

– 25 –

Ce livre est peuplé de fantômes. Des âmes sensibles qui ne m'ont jamais abandonnée, je le sais, même si j'éprouve parfois une douloureuse et angoissante sensation de manque, de vide. Je pense à mon père. J'ai parlé de lui dans ces pages, et jusque-là sans citer son patronyme complet, Guy-Philippe Luypaerts[1]. C'est parce que je n'ai pas parlé de l'homme qu'il fut et que bien d'autres que moi ont aimé et continuent d'aimer, notamment à travers son travail de musicien.

Pour la petite fille bouleversée, à l'âge de huit ou neuf ans, lorsqu'il fallut le quitter, sans comprendre alors pourquoi le quitter était devenu nécessaire, il ne s'agissait « que » d'un père. Il était tout simplement l'homme qui m'aimait. Je ne voyais en lui que cela, un cœur qui battait pour ses enfants, dont

1. Il avait accolé son deuxième prénom, Philippe, à Guy, afin de se différencier de Guy Luypaerts, de quatorze ans son aîné, compositeur et chef d'orchestre.

moi, la petite dernière, celle qui l'amusait parce qu'elle chantait tout le temps. Il aurait préféré, je le sais, que je montre plus d'ardeur aux cours de solfège et de violon, bien sûr, mais il pensait, lorsque nous vivions sous le même toit, que le temps jouait en notre faveur. Un jour, il en était sûr, je m'y mettrais pour de bon. Il ne cesserait jamais de m'y encourager, de me pousser, il était prêt à patienter jusqu'à ce que le bon moment se présente. En attendant, il éduquait mes oreilles et se réjouissait qu'en effet, comme lui, j'apprécie Mozart et Bach, ses « maîtres à penser », comme il les appelait, mais aussi Debussy, Ravel, Poulenc, Fauré, Stravinsky, et pourquoi pas Gershwin et Michel Legrand. Le bon moment n'est jamais arrivé, évidemment, parce que ma mère m'a emmenée avec elle. Si j'avais vécu davantage avec mon père, au conservatoire de Verviers, je n'aurais certainement pas cessé de chanter, mais j'aurais peut-être acquis une discipline. Sinon le goût de l'effort, au moins la conscience des bénéfices d'un travail régulier. Car Guy-Philippe Luypaerts était aussi un directeur de conservatoire compétent, exigeant, capable de colères froides éprouvantes pour qui les essuyait, en l'occurrence les élèves pas assez appliqués… Ou ma sœur, Fabienne, à qui il échouait, en tant qu'aînée, de montrer l'exemple par une attitude irréprochable. Je ne m'en rendais pas du tout compte à l'époque, mais elle n'avait pas droit à l'erreur. Ni même à la moindre faiblesse. Pourtant, je suis certaine que mon père l'aimait tout autant que moi. Sans doute avait-il perçu qu'elle était née dotée des capacités nécessaires aux études et à l'excellence. Il la poussait à progresser, à faire toujours mieux, et ne se rendait certainement pas compte qu'elle en souffrait.

Fils d'un patron de grosse société, et donc susceptible de prendre les rênes de l'entreprise familiale, ou au moins d'y mener sa vie professionnelle, mon père n'a jamais eu la bosse des affaires. Il disait de lui qu'enfant, il avait été mauvais élève. Ce qui expliquait son indulgence envers mes propres difficultés en maths et en sciences, sans doute, ce qui explique peut-être aussi pourquoi son propre père lui intima froidement l'ordre, alors qu'il avait dix ans, de cesser de le tutoyer. Un coup au cœur dont papa ne s'est jamais remis. Il ajoutait qu'il avait saisi la musique comme une planche de salut, pour avoir une chance, dans un domaine au moins, de faire quelque chose de bien. Ainsi a été cet homme : soucieux de « faire quelque chose de bien »…

Rigoureux, perfectionniste, maniaque même, il a dépassé son objectif. Il a appris le piano et, sans s'imposer comme un immense virtuose, il en maîtrisait assez l'usage et les rouages pour jouer un temps dans un orchestre philharmonique – celui de Liège –, ensuite pour l'enseigner. Partager avec de jeunes élèves son amour de la musique est devenu pour lui plus qu'une vocation, un véritable don d'amour : de nature plutôt angoissée – il a traversé de nombreux épisodes dépressifs, tout au long de sa vie –, il trouvait dans la musique une raison d'être et de se réjouir. Il lui tenait à cœur de laisser entrevoir cette voie lumineuse à quiconque y était sensible. Professeur de solfège et de piano donc, mais aussi professeur d'harmonie au conservatoire de l'Académie royale de Liège, il a enrichi sa palette de compétences en composant des morceaux vocaux et instrumentaux. Enfin il a dirigé des orchestres.

Pendant quelques années, juste après mon départ de Verviers, nous avons eu peu d'occasions de nous voir et nous en avons souffert tous les deux. Nous n'avons plus jamais partagé le quotidien dans une maison habitée par la musique, mais nous sommes parvenus à conserver un lien fort et j'affirme que la musique n'y fut pas pour rien. Papa ne m'a jamais entendue chanter dans la rue, adolescente, et c'est heureux. Je ne lui ai dit que je tentais de me faire une place dans le métier que lorsque j'ai commencé à cumuler les cachets dans les cafés-théâtres de Bruxelles. Il est venu me voir, avec son air inquiet, bien sûr. Il me prévenait : « Une carrière de chanteuse est très aléatoire... » Il ne cherchait pas à me diriger vers une autre voie pour autant. Il me faisait confiance, ai-je pensé à le remercier pour cela ?

Un jour de 1988, je lui ai fait parvenir une cassette avec une chanson dont j'avais écrit les paroles et la musique : *L'Habitude qui tue.* Je lui ai demandé de me faire une orchestration, il m'a répondu d'accord, mais à la condition que je reste à ses côtés le temps de ce travail. Papa prétendait que je n'étais « pas facile à contenter ». Nous n'avions pas vécu longtemps ensemble, mais il me connaissait bien ! Il s'était remarié, il avait eu une autre fille, Aurélia, une autre sœur pour moi, une jeune femme formidable, aimante, généreuse. Avocate de profession, elle est aussi directrice du centre culturel régional de Verviers, et férue de musique. Nous ne nous voyons pas assez souvent – la vie va vite –, mais nous nous aimons beaucoup. Je suis heureuse qu'elle ait fait résonner la maison des ombres de ses cris d'enfant, heureuse parce que pour elle, le logement de fonction du conservatoire de Verviers était lumineux et rempli d'amour. Mon père y a vécu jusqu'à la fin de sa carrière, en 1996. Il s'est éteint trois ans plus tard. Alors des mots me sont venus :

L'homme qui m'a le plus manqué
Ce matin, s'est envolé.
On dit qu'il n'a pas souffert
Moi, je suis toute à refaire
À recoudre, à réparer[1]...

---

1. *L'Homme qui m'a le plus manqué*, dont j'ai écrit paroles et musique. © Léopard and Co.

Il m'apparaît dans mon sommeil, rarement, mais cela arrive, et chaque fois je me réveille malheureuse de l'avoir vu si triste. Il se trouve derrière un grillage troué, et moi, je me tiens debout, dans la même posture, juste de l'autre côté. À travers le réseau régulier des fils de fer, nous nous regardons, nous ne prononçons pas un mot. Il ne fait pas un geste pour me toucher : il ne tend pas les doigts, ce serait facile pourtant, il suffirait de lever la main. Je ne bouge pas non plus. Papa ne croyait pas en Dieu. Franc-maçon – il faisait partie du Grand Orient –, il avait beaucoup réfléchi à la question de la vie après la mort. Sur ce point, il affirmait avec autorité qu'il n'y avait rien. Que le cœur cessait de battre comme un moteur refuse de redémarrer, que la mécanique du corps s'enrayait tout entière, et que tout s'arrêtait avec elle.

Je ne suis pas si ferme, quant à moi, et quel mal y aurait-il à croire à « un après », si cela soulage mon angoisse ? Intègre, entier, rigoureux à l'extrême, mon père ne s'autorisait aucune consolation.

Il m'a accompagnée, de rares fois, sur scène, au piano. Je me souviens d'un concert, à Tournai, en 1993. J'étais enceinte de Lou, je me sentais bien. Papa se penchait sur la partition, sérieux, toujours sérieux, et moi je chantais à ses côtés, fière, combien fière…

De mon père, ce grand musicien, l'homme qui m'a le plus manqué, je confirme.

ANTI-PUB (je sais faire). Tendance à s'autodénigrer en permanence. En rajouter des tonnes sur ses défauts, oublier de citer ses qualités au prétexte qu'on ne veut pas se la péter. À l'heure de clore ce récit, je constate que j'oublie souvent de me vanter d'avoir du chien, un charme fou, du sex-appeal même, d'être sensuelle, une amante généreuse, une mère aimante et donc aussi parfaite qu'on puisse l'être, une honnête cuisinière, une joyeuse camarade de tournée, une amie dévouée et attentive… En toute modestie s'entend !

CONCLURE (inévitable). Action d'achever un travail écrit, se résoudre à ne rien ajouter, à ne pas y revenir, estimer qu'on a tout dit, voire qu'on en a dit trop, et s'en tenir là. Les meilleures choses ont une fin, et dans les livres, pas de rappel : il faut savoir lâcher la plume comme on pose le micro, avant l'extinction de voix, l'extinction des mots.

– 26 –

Lorsque j'étais enfant, il y eut la maison-lumière, puis la maison des ombres. De là, directement un vaste jardin, le ciel à la place du toit, la mousse d'un bois en guise de moquette. Aujourd'hui, je vis dans une maison qui ressemble à mon histoire et à la femme que je suis devenue : elle a ses zones d'ombre, bien sûr, mais elle est surtout ouverte sur le soleil et la pluie, la vie. Elle se prolonge même d'un patio envahi de plantes qui selon la saison, le temps et l'humeur du temps, fleurissent et embaument.

On quitte le cœur de Bruxelles et l'on glisse dans ma ville sans s'en rendre compte. Une ligne de tramway va de l'une à l'autre, les mêmes pavés font trébucher les marcheurs qui ne lèvent pas les pieds assez haut. C'est ici qu'est né Jacques Brel, et c'est ici que j'ai passé une bonne part de ma jeunesse, chez mes grands-parents maternels. C'est encore ici qu'à la naissance de ma fille j'ai acheté un toit sous lequel l'élever : je savais que ma mère, habitante du quartier – et même de cette maison pour finir ! –, s'occuperait d'elle chaque fois que je ne pourrais être présente moi-même. Je ne m'étais pas trompée : elle l'a fait avec cœur, en effet. Ma fille est partie vivre sa vie, maman mène maintenant la sienne dans son propre nid, je suis restée à Schaerbeek.

On prononce « Skarbééék », avec le son « que » qui claque. Je m'amuse à composer des phrases sans queue ni tête, je cherche l'allitération et l'exercice de diction à la façon des surréalistes autrefois. « Que l'on me querre en palanquin, allons cueillir dans les calanques des jonquilles caquetantes… » À Schaerbeek, quelque part dans un carton, je dois avoir encore les cartes postales que m'envoyèrent longtemps les frères Manuel et Gabriel Piqueray, écrivains belges que je pris toute leur vie durant pour deux amateurs de chanson parmi tous ceux qui m'écrivaient régulièrement. Ce n'est qu'en visitant une exposition consacrée aux surréalistes et au mouvement Dada, au musée d'Art moderne de Paris, que j'appris, lisant leur nom sur un cartel, qui ils étaient : deux artistes amoureux des mots et du jazz. Nous avions en commun le goût de l'absurde, j'ai partagé quelques conversations surréalistes en leur compagnie.

Je dois avoir gardé, aussi, la lettre que m'envoya Claude Nougaro après qu'il eut, enfin, écouté mes chansons. Et tant de mots doux, de dessins d'enfants, de faire-part de naissance de la part de personnes qui aiment mes disques et qui ont prénommé leur fille Maurane. J'ai tout conservé sans rien archiver correctement. Les preuves d'attention, les messages d'affection, je ne veux pas les consulter avec la nostalgie du moment précis où ils m'ont été adressés. L'amour, je préfère le vivre au présent.

Pourtant, en effet, j'ai déjà de beaux souvenirs ici, à commencer par ma première visite des lieux. J'étais enceinte de quelques mois, ronde et heureuse de l'être – pour une fois ! –, je cherchais un nid pour mon mari et notre bébé. Le rez-de-chaussée abritait le cabinet d'un dentiste. Il fallait un peu d'imagination pour deviner tout « le potentiel des lieux », comme disent les professionnels de l'immobilier. Je n'ai pas eu à me forcer pour sentir que je saurais faire de ce cabinet technique et froid un foyer chaleureux. Vivre dans cette maison me parut aussi évident que faire un enfant avec Pablo. Peut-être ai-je déjà habité ici il y a mille ans… Peu à peu, et de façon quasi continue, j'ai fait faire des travaux pour rendre mon foyer plus confortable. Pas plus luxueux : au marbre je préfère le bois, aux soieries si fragiles qu'on n'ose y poser les fesses, je préfère le velouté d'un coton résistant. Et si la vaisselle ne vaut pas des fortunes, on s'en veut moins de la casser…

Quoi qu'on en dise, avec toute la mauvaise foi que l'on déploie, il ne fait pas toujours gris dans le ciel de la Belgique : je n'ai qu'à lever les yeux pour le constater à travers les immenses vasistas du salon et de la cuisine. Dans mon patio-jardin, une glycine s'efforce de se hisser par-dessus la pergola de bois. Au sec, des dizaines de coussins moelleux couvrent deux canapés que mes trois chats, malheureusement disparus en quelques mois, il y a peu, et alors qu'ils étaient hors d'âge – dix-sept ans passés ! – ont marqués de leurs griffes. Sur la table basse, un vieux magazine télé cache parmi ses pages un reportage sur la villa de Céline Dion à Jupiter Island, en Floride. Lorsque nous chantons ensemble, Céline et moi, la démesure s'exprime au niveau de nos cordes vocales et de l'émotion que, je crois, nous suscitons parmi le public. La démesure de Céline se mesure aussi en mètres carrés. Je ris toute seule : une maison de treize chambres agrémentée d'un parc aquatique ? Je pense à Zaz, cette autre jeune femme charmante dont j'aime la personnalité franche et ouverte : « J'en ferais quoi ? » D'ailleurs je me demande si Céline elle-même, avec l'emploi du temps de folie qu'elle s'impose, arrive à profiter de ce qu'elle possède. Elle qui se rend si disponible, en plus, pour les autres, a-t-elle seulement le temps, quelquefois, de savourer le silence ?

Nulle voix ne résonne dans mon salon. Les enceintes pour le moment restent muettes, le nom de cet oiseau qui fait escale sur la pergola, je l'ignore. Il ne siffle pas, il n'appelle personne, il marque juste une pause dans sa quête de quelques graines à becqueter. Probable qu'il ne pense à rien. Juste à vivre. Il existe. Quelle chance j'ai ! Même seule dans ma petite maison, je fais bien plus qu'exister. Je me lève, j'ouvre l'un des tiroirs du buffet qui recèle mes CD. Je choisis Debussy, les premières notes du *Prélude à l'après-midi d'un faune* m'enveloppent, je me souviens de mon père que j'ai surtout connu triste, même après son divorce, même après qu'il avait retrouvé l'amour, même après qu'il était devenu père une quatrième fois : il a toujours souffert d'avoir été privé de ses trois premiers enfants, privé de les élever, de partager avec eux la musique, de leur imposer dans ce domaine une certaine discipline.

Je me souviens de Pablo, le père de Lou, je me revois assise à côté de lui, regardant la petite, pestant parfois de ne pas être ailleurs. J'ai toujours eu peur du quotidien, et je n'ai jamais eu assez de sagesse pour associer les moments de simple tranquillité au bonheur. Je choisis la *Rhapsody in Blue* de Gershwin, mon équipement audio est de si bonne qualité que le compositeur est là, j'y crois, il est venu juste pour moi, il joue sur MON piano, dans MON salon, dans MA maison. Je danse un peu. Je monte le son, fort, à fond, tant pis si je dérange les voisins. Tant que ce n'est pas moi qui chante, j'ose. Je me souviens d'un de mes amoureux, Pepito, chanteur de flamenco, qui sortait dans le patio avec sa guitare et donnait de la voix, de toute sa voix qu'il a puissante, en direction des immeubles alentour. Même si j'admirais son audace, je fondais de confusion, je me répandais entre les lattes du parquet, je glissais sous le tapis, je devenais cendre parmi les cendres, au sens propre je ne sais pas, mais au figuré, c'est certain, je disparaissais.

Ma maison est comme ma vie dont j'ai fait le récit dans ce livre. Elle est pleine de contradictions. Je la voudrais toujours pleine d'amis mais elle est tellement douée pour le silence qu'il serait dommage de la laisser envahir. Je voudrais m'y sentir moins seule dans les bras d'un homme, mais elle m'entoure et me console si bien que je m'y sens sereine malgré tout. Profonde, elle ressemble même à mon rêve d'enfant, celui du tunnel : il faut parcourir bien des mètres pour la traverser tout entière, et elle ouvre finalement sur le ciel que traversent des avions de ligne. Je les regarde fendre les nuages, signer l'espace d'une traînée blanche. Je sais que je n'ai qu'à décider d'y monter à mon tour. Je sais que tout m'est possible.

J'aime quitter ma maison. Je me rends à Paris, je dors à l'hôtel, je n'écoute plus de musique. En promotion pour un album, dans le cadre d'une tournée, je voyage à travers la Belgique, la France, et au-delà de leurs frontières, je pose mes valises dans d'autres chambres, je peste contre les travaux dans la rue, la literie trop dure, trop molle, la literie qui n'a aucun défaut sauf qu'elle n'est pas la mienne, je me regarde dans le miroir d'une autre salle de bains, sous une autre lumière parfois impitoyable. Je suis mal ou je suis bien, mais j'aime quitter ma maison. Pour mieux la retrouver.

Pour mieux m'y retrouver, moi, avec ou sans mes excès. Pour y écrire, encore, pour y reposer ma voix, pour y soigner mes blessures d'enfant, y cultiver l'espoir d'un bonheur plus grand. Pour être heureuse, maintenant, sans plus attendre. Parce que, après tout, je suis quand même assez forte d'être arrivée jusqu'ici…

ANNEXES

Quelques chansons que j'ai écrites et qui me tiennent particulièrement à cœur…

Rouge amarante

Une balade en l'air
Pieds nus bord de mer
Quand plus rien ne bouge
Le sang dans mes artères
Se mélange aux chimères
À l'étoile rouge
Celle qui m'entraîne avec elle
Toucher du feu les fonds bleus
Me fait piquer un soleil
Frissonner, baisser les yeux

C'est un rêve éveillé
L'autre monde est couché
Futile, fragile
Vermeille confidence
Du monde du silence
Aux rives de mon île

Je sens la vie en rouge
Sur mes lèvres dans mon cou
Sur mes joues

Une vie éclatante,
Une vie battante,
Une vie chantante,
Une flamme élégante
Pourpre et envoûtante
D'un rouge amarante

Un tremblement d'éther
Une kermesse en enfer
Un bal populaire
Branle-bas de combat
Ça bout de haut en bas
En moi ce magma

Je veux la vie en rouge
Rubis sur ongle de diva
Je vois ma vie en rouge
Dans des robes d'apparat

C'est un rêve allumé
Tandis que s'évapore
Le monde qui dort
Déjouant le grand vent
L'orage menaçant
Le temps du mauvais sang

Je vois la vie en rouge
Tendre comme un roman de Maupassant
Je passe l'éponge sur ce qui me ronge
Mes peurs, mes mensonges
Pour une vie craquante

Trop forte !

Une vie fondante
D'un rouge amarante

Je vois ma vie vermillon
Des petits bonheurs par millions
Foisonnants d'impatiences
Santals et garances
Je m'enivre sans compter
De tes rayons, tes rouges baisers
Toi qui nourris
Depuis l'éternité
Nos balades en l'air

Pieds nus bord de mer
Nos éclats de rire
Nos sens à bout de nerfs
Nos saisons à l'envers
Nos meilleurs, nos soupirs

J'aime la vie en rouge
La neige en mai
Les champs de blé l'hiver
Une vie fringante
Une vie pimpante
Une vie ardente
Une vie affolante
Une vie évidente
D'un rouge amarante

(Crédits : Claudine Luypaerts/ Arnould Massart – Leopard And Co/ Avogadro.)

Boire dans le même rêve

Boire dans le même rêve, dans la même bulle
Nos idées comme la sève,
Fourmis-libellules
Mêlés, sang de l'ivresse, envie de sagesse…
On refait le monde en mieux
Qu'est-ce qu'on est heureux !
(et) médire pour ne rien ne dire
C'est bon, ça défoule
Font, se défont les fous rires
Les mots qui roucoulent
Docteur Jeckyll, Mister Hyde… quand on se dédouble
Des océans de corail à des eaux troubles…
Tellement déluré(es), débridé(es), déshabillé(es),
Les yeux mi-clos, tout est flou
Le bon, le beau, clair comme la boue
L'effet, le goût, le tout nous tatoue.

Mais qu'est-ce qui nous fait du bien,
Nous allume, nous grise ?
Si léger, cristallin,

Trop forte !

Le champagne attise
Le feu de l'esprit malin,
De la gourmandise.
Elle est douce, la mousse, elle éclabousse
Qu'est-ce qui nous électrise, nous redynamise,
Passe d'effervescence à ce nuage évanescent
Qui nous prend nous enlève ?
Qu'on soit des milliers à boire dans le même rêve…

Le champagne a ses raisons, ses vibrations
Dont le raisin connaît bien
La chair, les pépins.
Le champagne, c'est l'or,
C'est un trésor
De reliquats délicats
De traces de soi.
Le champagne, c'est l'ambre
De l'insouciance,
L'eau de vie, le gingembre.
Danse l'ambivalence,
Sous le regard alangui
Du chat qui sourit…
Mais quand tous les chats sont partis,
Les « souris » s'balancent…
Tellement délurées, débridées, déshabillées
La coupe à la main, remplie,
Ça dégénère en broutilles
On pense, on dit, puis on oublie

Papillon ne vit qu'un jour, brûle ses ailes
La chandelle par les deux bouts

Ça ne tient pas debout,
Car demain n'est plus très loin…
Quelques heures à vivre
Dans les bras du « magicien »
Mais qui peut le suivre
Le champagne désaltère
Puis, il donne soif
On n'est plus qu'à moitié fière
On reste en carafe
Après la nuit de velours
C'était trop court…
… à tanguer dans l'or qui pétille,
L'or qui scintille
Déranger les anges, les dangers mélangés
D'ombres chinoises et lumières
Instant fragile éphémère
On aime, on éclate, on désespère…

(Crédits : Claudine Luypaerts/ Arnould Massart – Leopard And Co/ Avogadro.)

Qu'est-ce qui te fait peur ?

À quoi ça sert de lui mentir,
De lui cacher notre histoire,
À t'la jouer embarrassé au téléphone muet ?
Parce qu'elle est juste à côté
Et qu'elle pourrait savoir
Mais à quoi ça sert de pas lui dire ?
Si tu sais que tu m'aimeras
Jamais, jamais, jamais, jamais

Qu'est-ce qui te fait peur ?
D'où vient ce malaise ?
Qu'est-ce qui nous rend insatisfaits ?
En toi, y a toutes les richesses
Et j'irai les chercher
Je veux te trouver
Par ma tendresse

À quoi ça sert de te mentir,
De t'inventer des prétextes
À pas vouloir sortir de toi l'habitude en détresse ?

J'veux plus voir nos cœurs à l'envers
Dans un miroir en pièces
Je ne veux plus que tu me blesses
J'veux pas croire qu'tu m'aimeras
Jamais, jamais

Qu'est-ce qui te fait peur ?
D'où vient ce malaise ?
Qu'est-ce qui nous rend insatisfaits ?
En toi, y a toutes les richesses
Et j'irai les chercher
Je veux te trouver
Par ma tendresse

(Crédits : Claudine Luypaerts/ Arnould Massart – Saravah Éditions musicales.)

Rémoras, poissons-pilotes

Tu me tiens, je te suis
Tu me parles, je t'écoute
Où vas-tu ?
Dis reviens
J'ai grand besoin de tes petits besoins,
Tes petits riens
Je te colle mais tu me quittes
Je reviens dis, tu vas bien ?
As-tu soif, as-tu faim
Veux tu des sushis, du saké chaud, de l'aiglefin cru ?

Je t'habille, te déshabille
Tu me fuis, je te suis dévouée
Oh moi ton mentor, oh toi ma mine d'or
Mon jackpot, ma bouée
Nos conflits me réconfortent
Tu ne me fermes jamais la porte
À moi le piètre vermisseau, le puceron, le crapaud,
le plancton, le cloporte

Rémoras, poissons pilotes
Tous les rats faux sympas,
Les ventouses qui clignotent
Rémoras, sangsues grignotes
Collent aux culs des plus ultras
Et emberlificotent les gros qui les ballottent

Tu me beurres, je te tartine
Quand tu me cuisines,
C'est le bonheur
Toi le sucre, moi le sel de scélérat
Le bon miel toutes fleurs

L'aigre-doux, le doux-amer
L'ail, l'oignon, le piment vert
La crème allégée, le velouté succédané
L'angélique sur le dessert

Rémoras, poissons pilotes
Tous les rats faux sympas,
Les ventouses qui clignotent
Rémoras, sangsues grignotes
Collent aux culs des plus ultras
Et emberlificotent les gros qui les ballottent

Fais attention c'est un leurre
Chut pas un mot c'est pas l'heure
Je me blottis contre toi
Et j'aboie sur tous les rabat-joie
N'aie pas peur

Trop forte !

Ma moitié, mon âme sœur
J'aime ta peau, ton odeur
Je suis l'ombre de ton ombre
Mais je veille au grain contre l'envahisseur

Rémoras, poissons pilotes
Tous les rats faux sympas,
Les ventouses qui clignotent
Rémoras, sangsues grignotes
Collent aux culs des plus ultras
Et emberlificotent les gros qui les ballottent (bis)

Arrête de faire ton dikke nek
On ne pourra jamais faire de l'or avec du vlek

(Crédits : Claudine Luypaerts/Claudine Luypaerts, Arnould Massart – Leopard And Co/Avogadro).

Il y a mille ans que je t'aime

Fini le temps du désespoir,
Des amours jetées dans le noir.
On s'est regardés sans rien dire.
Qu'allions-nous devenir ?
Le passé dans un phylactère
Rien que des souvenirs amers
Vais-je passer à côté de toi,
Mourir comme autrefois de froid,
De froid ?

Tu m'as laissée maudire
Les fantômes et les vieilles rancœurs,
Redonné le désir,
Empêchée d'avoir peur.
À dormir contre toi,
Je n'serai plus jamais la même.
Aussi doux qu'autrefois,
Il y a mille ans que je t'aime.

Ma fille sur les bancs de l'école
Dessine une femme au ventre rond.

Trop forte !

Ses éclats de rire déboussolent.
Des Lego, des ballons,
Et toi qui rentres à la maison,
Mal rasé, beau comme un camion.
On refait le monde. On est heureux.
Plus jamais plus jamais les bleus.
Les bleus.

Tu m'as laissée maudire
Les fantômes et les vieilles rancœurs,
Redonné le désir,
Empêchée d'avoir peur.
À dormir contre toi,
Je n'serai plus jamais la même.
Aussi doux qu'autrefois,
Il y a mille ans que je t'aime.
Il y a mille ans que je t'aime.
Il y a mille ans que je t'aime.
Il y a mille ans…
Que je t'aime.

(Crédits : Claudine Luypaerts/Claudine Luypaerts – Leopard and Co.)

L'Homme qui m'a le plus manqué

L'homme qui m'a le plus manqué
Ce matin, s'est envolé.
On dit qu'il n'a pas souffert
Moi, je suis toute à refaire
À recoudre, à réparer.
On ne s'était pas tout dit
'manque un morceau à ma vie…
je sais aujourd'hui… que c'est lui
Je m'en retourne à zéro…
voir d'autres hommes dans… ma peau.

Toute ta vie, tu refoules
Toute ta mort en découle
La raison, le refus
Comment distingue-t-on
La question qui tue
Quand elle tue pour de bon ?

L'homme qui m'a le plus manqué
Ce matin, a mis les voiles…

Trop forte !

J'ai ce chagrin animal.
Ces longs sanglots déchirés,
Ce noyau dur… incisé
Mes amours n'y sont pour rien…
Me voulaient sûrement du bien…
J'aimerais leur pardonner ce lien…
Leur grand besoin de séduire,
Les femmes-enfants… les vampires.

Rien n'est plus profond
À côté de ce vide
De ce désert aride
De ces relents d'abandon.

(Crédits : Claudine Luypaerts/Claudine Luypaerts – Leopard and Co.)

Je voudrais tout te dire

Tu es mon amour mon sang
Mon grand fou rire indécent
Mon regard fougueux ou indolent
La gourmandise l'impatience
Ma malice ton insouciance
Mes colères, l'arôme de nos humeurs douces-amères
Se balance et mène la danse

Je voudrais tout te dire
Pour que tu aies moins mal
Moins de peine
Moins longtemps
Je ne veux pas mourir
En laissant des mains sales
Des brûlures dans ton sang
Envie que tu respires
L'air du large enivrant
Sans te perdre et languir
À la guise des vents
Désarmants

Et dans chacun de nos pas
On s'est connues autrefois
Autrement
C'est clair quand je te vois
Où est la fille où est la mère ?
Une seule âme quand je te serre
C'est troublant
Dans tes jeux dans tes mots
Je me revois enfant
Seule comme avant

Je voudrais tout te dire
Pour que tu aies moins mal
Moins de peine
Moins longtemps
Je ne veux pas mourir
En laissant des mains sales
Des brûlures dans ton sang
Envie que tu respires
L'air du large enivrant
Sans te perdre et languir
À la guise des vents
Émouvants

Pas aisé de raconter
La grisaille le feu sacré
On avance
On change comme les saisons
Contre vents et marées
Et on recommence

Je voudrais tout te dire
Pour que tu aies moins mal
Moins de peine
Moins longtemps
Je ne veux pas mourir
En laissant des mains sales
Des brûlures dans ton sang
Envie que tu respires
L'air du large enivrant
Sans te perdre et languir
À la guise des vents
Attirants

Tu es mon amour ma vie
C'est si bon quand tu souris.

(Crédits : Claudine Luypaerts/Claudine Luypaerts – Sylvain Goldberg/Leopard And Co/New Frontier Films.)

Direction littéraire
Huguette Maure

Composition PCA
44400 – Rezé

IMPRIM'VERT® PEFC 10-31-1510

Imprimé en France
par Corlet Imprimeur
14110 Condé-sur-Noireau
Dépôt légal : février 2015
N° d'impression : 170610
ISBN : 978-2-7499-2472-4
LAF : 1964